Der Islamische Antichrist-Mythos

Warum die Bestie kein Araber oder Muslim sein kann

Positron Prophecy Serie - Buch 5

Charles K. Bassett

**Positron 🌎
Books**
Las Vegas, NV

Der Islamische Antichrist-Mythos: Warum die Bestie kein Araber oder Muslim sein kann

Copyright © 2019 by Charles K. Bassett

Veröffentlicht von Positron Books, LLC

Las Vegas, Nevada

Sofern nicht anders angegeben, stammen alle Bibelzitate aus der King James Version (KJV).

Die mit GW gekennzeichneten Bibelzitate stammen aus *Gottes Wort*® (GW), © 1995 God's Word to the Nations, mit Genehmigung der Baker Publishing Group.

Die mit KJ3 gekennzeichneten Bibelzitate stammen aus der *KJ3 Literal Translation Bible*, First Edition, Copyright © 2006-2010, verwendet mit der Erlaubnis der Copyright-Inhaberin, Mary V. Green.

Die mit NASB gekennzeichneten Bibelzitate stammen aus der *New American Standard Bible*. La Habra, CA: Foundation Publications, für die Lockman Foundation, 1971.

Die mit NIV gekennzeichneten Bibelzitate stammen aus der Heiligen Bibel, New International Version® (NIV), Copyright© 1973, 1978, 1984 von der Internationalen Bibelgesellschaft.

Die mit NKJV gekennzeichneten Bibelzitate stammen aus der Heiligen Bibel, New King James Version (NKJV), Copyright© 1979, 1980, 1982, Thomas Nelson, Inc.

Die mit TLB gekennzeichneten Bibelzitate stammen aus der *Lebendigen Bibel* (TLB), Copyright 1971. Verwendet mit Genehmigung von Tyndale House Publishers, Inc. 60188 Carol Stream, Illinois.

Einbandgestaltung durch Bookcoversart.com

Alle Rechte vorbehalten. Kein Teil dieser Publikation darf ohne vorherige Genehmigung des Autors vervielfältigt, in einem Datenabfragesystem gespeichert oder in irgendeiner Form, sei es elektronisch, mechanisch, durch Fotokopie, Aufzeichnung oder auf andere Weise, übertragen werden, es sei denn, dies ist durch das Urheberrechtsgesetz der USA vorgesehen.

Erstdruck: August 2019

ISBN: 978-1-7367761-9-3

Bitte besuchen Sie www.Prophecy7000.com [12.15.23] / pb

Email: ckbassett777@yahoo.com

Copyright-Hinweis: Alle urheberrechtlich geschützten Werke, die hier erscheinen, sind entweder vom Urheberrechtsinhaber lizenziert, gemeinfrei oder fallen unter 17 USC §107 (Fair Use) und werden zu Zwecken der Kritik, des Kommentars, der Berichterstattung, des Unterrichts, der Wissenschaft oder der Forschung präsentiert und stellen daher keine Verletzung des Urheberrechts dar.

*Dem Herrn Jesus Christus,
Gott des Himmels und der Erde*

INHALT

Die Herausforderung! 7

Die Abstammung des Mahdi-Antichristen 8

Die Abstammung des römischen Antichristen 9

Abrahams Same - Segen oder Fluch? 10

Kapitel 1 - Eine populäre Theorie 15

Kapitel 2 - Was sie sagen 25

Kapitel 3 - 15 Irrtümer in der islamischen Antichrist-Theorie .. 35

Kapitel 4 - Zusammenfassung und Schlussfolgerung 109

Kapitel 5 - Der Antichrist wird ein Römer sein 115

Kapitel 6 - Wissen und Reisen werden stark zunehmen 121

Kapitel 7 - Der einzige Weg zum Vater 131

Nachwort 137

Anhang A: Auslegungsregeln 141

Anhang B: Stichprobe der IAT-Pastoren und -Autorinnen ... 155

Anhang C: Die Erklärung von Pfarrer MacArthur 157

Anhang D: Die antichristliche Blutlinie 159

Zusätzliche Positron-Bücher 167

* * * Die Herausforderung * * *

Wenn Sie diese Zeilen lesen, ist die Wahrscheinlichkeit ziemlich groß, daß Sie die Theorie des islamischen Antichristen unterstützen.

Sie glauben an die so genannte "Bestie des Nahen Ostens". Sie glauben, daß die Bestie in Wirklichkeit der *Mahdi* ist. Sie glauben, daß er ein Araber ist, der die Welt erobern wird. Sie haben keinen Zweifel daran, daß er aus Syrien, der Türkei, dem Iran, dem Irak, Ägypten, dem Libanon, Saudi-Arabien oder vielleicht sogar Afghanistan kommen wird.

Und vor allem wissen Sie ganz genau, daß er kein Römischer Cäsar sein kann.

Ich möchte Sie also etwas fragen...

Ergibt das einen Sinn?

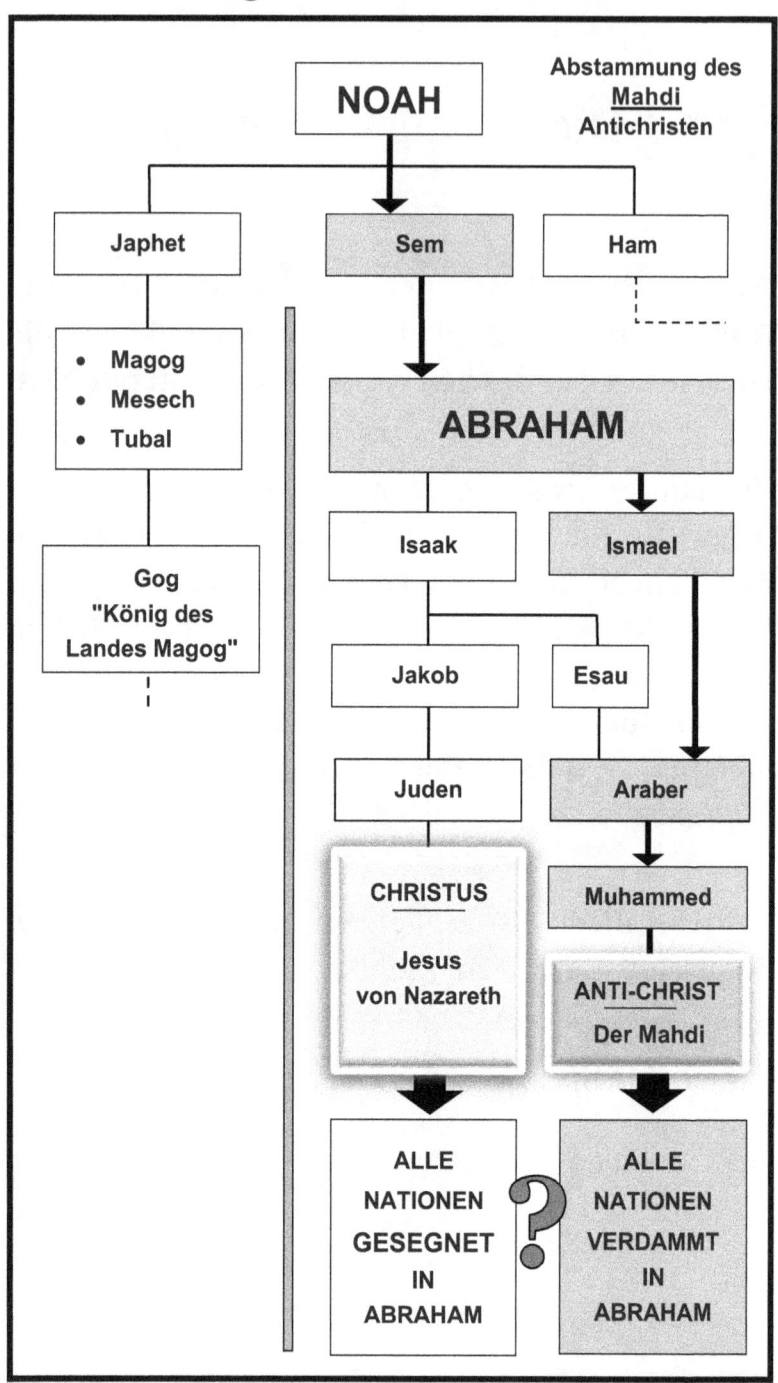

...oder doch das?

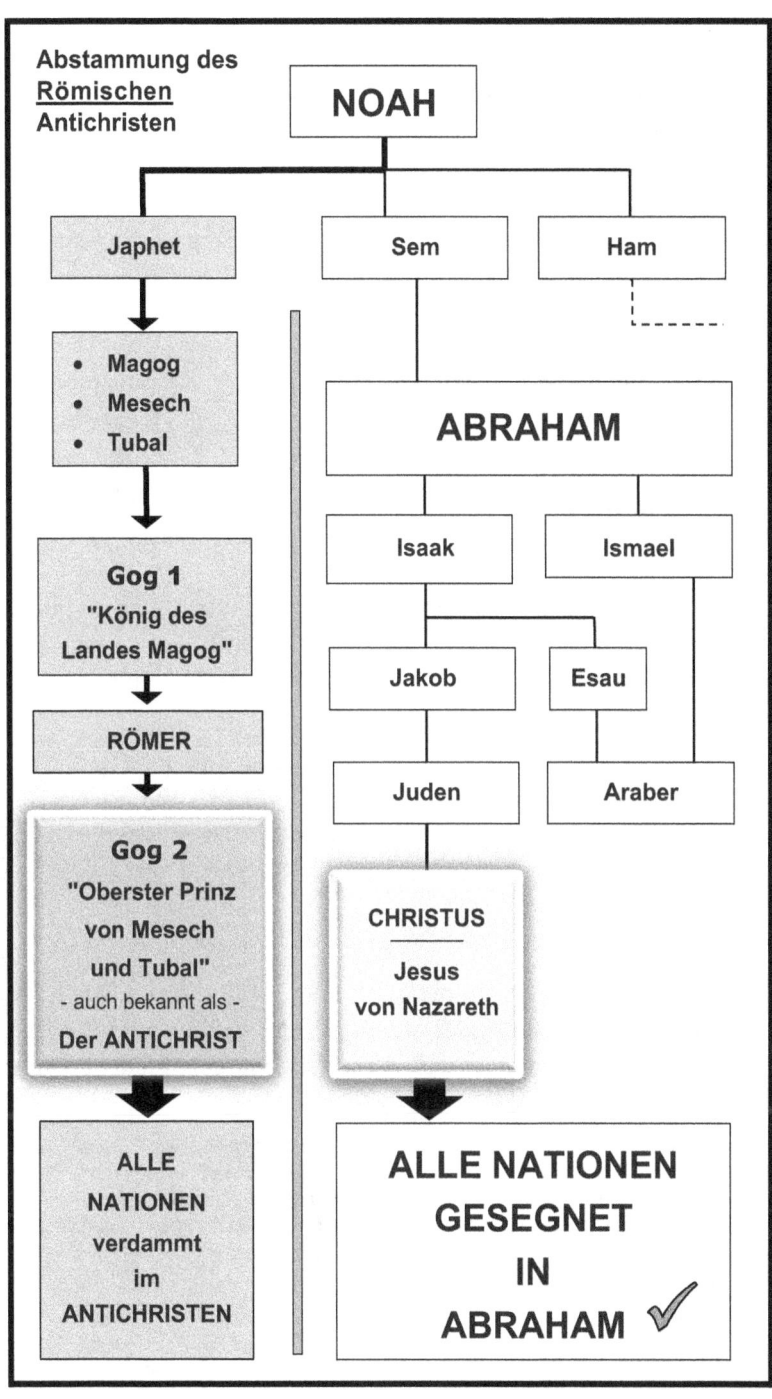

ABRAHAMS SAMEN - EIN SEGEN ODER EIN FLUCH?

In den letzten Jahren ist die Islamische Antichrist-Theorie (IAT) zum vorherrschenden Endzeit-Standpunkt vieler evangelikaler Christen geworden. Anstatt den Antichristen als einen Nachkommen Roms zu sehen (wie es in den 1970er und 80er Jahren allgemein gelehrt wurde), glauben sie nun, daß er von Mohammed abstammen und als der unbezwingbare *Mahdi*, der prophezeite Erlöser des Islam, auferstehen wird.

Dieser Perspektivenwechsel ist beunruhigend, weil die IAT nicht nur an mindestens 15 großen Fehlern leidet, sondern die Kirche davon ablenkt, sich auf den wahren Ausgangspunkt des Antichristen zu konzentrieren, nämlich die Nationen Europas und insbesondere Italiens.

Es gibt jedoch noch ein weiteres Problem beim IAT, das so ungeheuerlich ist, daß ich mich gezwungen fühle, es hier anzusprechen. Einfach ausgedrückt:

> **Wenn der Mahdi des Islam der biblische Antichrist ist - wie die Befürworter der IAT behaupten -, dann war Gottes feierliches Versprechen, die Völker durch** *Abraham zu segnen* **(1. Mose 22:18), eine kolossale Täuschung.**

Warum? Weil nach Ansicht praktisch aller muslimischen Gelehrten jeder Mann, der behauptet, der Mahdi zu sein, *zuerst* ein Araber *sein muss*.[1] Und Araber stammen von **Abraham** ab,[2] dem Mann, der alle

---

[1] Muslime werden niemanden als Mahdi akzeptieren, der nicht arabische Wurzeln hat. Das liegt daran, daß fast jeder Hadith zu diesem Thema besagt, daß der Mahdi aus der Linie von Mohammed stammen wird - und Mohammed war Araber. Siehe *The Islamic Antichrist*, von Joel Richardson (S. 23 und 31). Siehe auch die Wikipedia-Artikel: "Mahdi" und "Zwölfer-Schiitentum". Siehe auch ▶ thepromisedmahdi.com/sunni-documentation-on-mahdi-as

[2] Laut Wikipedia ["Araber"]: "Sowohl das Judentum als auch der Islam sehen in Ismael [und damit in Abraham] den Stammvater des arabischen Volkes. Ismael wird von den Muslimen als der Vorfahre mehrerer prominenter arabischer Stämme anerkannt... Muslime glauben

Völker *segnen soll,* indem er Jesus Christus hervorbringt (Gen. 22:18), und nicht alle Völker *verdammen soll,* indem er den Antichristen hervorbringt.

Oder anders ausgedrückt: Wenn die Islamische Antichrist-Theorie wahr wäre, dann glauben diejenigen, die sie unterstützen, irgendwie, daß es möglich sei, daß alle Nationen durch Jesus von Nazareth *in Abraham gesegnet und* gleichzeitig durch den Mahdi des Islam *in Abraham verdammt* wären!

Wenn ich nicht etwas übersehe, würde ich sagen, daß dies eine äußerst unhaltbare Position ist. Sollen wir wirklich glauben, daß der rechtschaffene Abraham der Stammvater sowohl von Gottes Sohn als auch von Luzifer's Höllenkind ist?

Sogar Matthäus und Jakobus sagen (faktisch), daß es unmöglich ist, daß Erlösung und Verdammnis aus derselben Quelle stammen können:

> **Matthäus 7:17, 20** (NIV) - Ebenso bringt jeder gute Baum gute Früchte, aber ein schlechter Baum bringt schlechte Früchte... So werdet ihr sie an ihren Früchten erkennen.

> **Jakobus 3:11-12** (NIV) - Kann Süßwasser und Salzwasser aus derselben Quelle fließen? Meine Brüder und Schwestern, kann ein Feigenbaum Oliven oder eine Weinrebe Feigen tragen? Auch eine Salzquelle kann kein Süßwasser hervorbringen.

Folglich gibt es nur eine mögliche Schlußfolgerung bezüglich der Abstammung des Antichristen: Er *muss* aus einer *anderen* Linie als der von Abraham hervorgehen. Das bedeutet, daß der Antichrist kein

---

auch, daß Mohammed ein Nachkomme Ismaels war... Die Assyrer bezeichneten die arabischen Stämme als Ismaeliten oder "Shu-mu'ilu", wie es in ihren Inschriften heißt... [Und] die Stämme in Zentralwestarabien nannten sich selbst das 'Volk Abrahams und die Nachkommen Ismaels'."

Araber sein kann. Das bedeutet, daß er nicht der Mahdi sein kann. Das bedeutet, daß die IAT-Theorie von vornherein nichtig ist.

[Tatsächlich glaube ich, daß Hesekiel 38:2-3 uns sagt, daß der Antichrist aus der Linie von Japhet und seinen Söhnen Magog, Mesech und Tubal kommen wird. Siehe Anhang D für eine ausführliche Diskussion].

Nachdem wir uns mit dem vielleicht unlogischsten Aspekt der islamischen Antichrist-Theorie befasst haben, werden wir im weiteren Verlauf dieses Buches 15 populäre Argumente ansprechen, die zur Unterstützung der IAT herangezogen werden, und erklären, warum jedes einzelne davon falsch ist. Insbesondere werden wir erklären, warum:

1. "Das Volk", das Daniel (vorausschauend) für die Zerstörung Jerusalems und des Tempels 70 n. Chr. verantwortlich machte, waren *nicht* die Araber.

2. Die Hauptstadt Satans sich *nicht* in Pergamon (einer Stadt in der Türkei) befindet.

3. Der "König des Nordens" *nicht* zwangsläufig aus dem Nahen Osten stamen muss.

4. Das Fehlen des Wortes "Rom" in der Prophezeiung *nichts* beweist.

5. Das zusammengesetzte Tier aus der Offenbarung *kein* "zusammengesetzter Araber" ist.

6. Antiochus IV. *nicht* der "König mit dem grimmigen Antlitz" Daniel's ist.

7. Muslime *keinen* "Mahdi" akzeptieren werden, der behauptet, Gott zu sein.

8. Mekka *nicht das* Mysterium Babylon ist. (Genausowenig wie Saudi-Arabien.)

9. Die Prophezeiung *nicht* sagt, daß das vierte Reich die ersten drei absorbiert.

10. Der gleichzeitige Zusammenbruch aller vier Reiche *nicht* bedeutet, daß sie unter dem Antichristen vereint sind.

11. Aus der islamischen Prophezeiung sich *kein* Wissen über das Tier ableiten lässt.

12. Die verschiedenen Vorläufer des Antichristen (in den meisten Fällen) *nicht* seine Nationalität widerspiegeln.

13. Der Antichrist *nicht* davon ablassen wird, sich als "Gott" auszugeben.

14. Der Antichrist *nicht* der Anführer der Muslime in Harmageddon sein wird.

15. Die Griechen und Perser in Daniel 8 *keine* modernen Reiche sind.

Klingt das interessant? Dann lassen Sie uns beginnen...

Kapitel 1

EINE BELIEBTE THEORIE

ACHTUNG AN ALLE: ES IST OFFIZIELL! Mehr als ein Dutzend der berühmtesten Pastoren und Autoren haben endlich die Idee eines *europäischen Antichristen* verworfen und sich nun die Vorstellung eines *muslimischen Antichristen* zu eigen gemacht. Es hat fast zwanzig Jahre gedauert, bis dieser dramatische Wandel vollzogen werden konnte, und der Wandel vollzog sich in Schüben. Aber der Wandel kann nicht länger geleugnet werden, und viele der christlichen Führer, die diese Position vertreten, gehen nun auf's Ganze, um dies zu beweisen.[3]

Der Antichrist?

Nach der Interpretation dieser guten Männer und Frauen wird der "Mann der Sünde" der Bibel kein Römer sein, wie bisher angenommen wurde. Stattdessen wird er ein militanter Muslim sein.

---

[3] In Anhang B finden Sie eine kurze Liste von Evangelikalen, die behaupten, der Antichrist werde ein Muslim sein.

Er wird irgendwo im Nahen Osten zur Macht aufsteigen. Er wird von seinen Verwandten als der lang erwartete *Mahdi* (Retter des Islam) begrüßt werden. Und seine Armeen werden in der Schlacht von Harmageddon gegen Christus kämpfen.

Allerdings ist diese als Islamische Antichrist-Theorie bekannte Position relativ neu. Sie entstand vor etwa zwanzig Jahren, kurz nachdem eine Handvoll bösartiger islamischer Terroristen zwei Passagierflugzeuge in die Zwillingstürme in Lower Manhattan flog und fast 3000 Amerikaner tötete. Aber die Aktualität dieser Theorie hat sie nicht davon abgehalten, einen großen Teil der evangelikalen Gemeinschaft im Sturm zu erobern. Tatsächlich betrachten viele Prediger das Tier der Offenbarung und die Hure Babylon jetzt offen mit den Augen der muslimischen Eschatologie. Ganze Gemeinden sind nun davon überzeugt, daß der Antichrist ein Muslim sein wird, weil die islamische Religion unter anderem ausdrücklich die Enthauptung derjenigen fordert, die ihren Glauben ablehnen - eine Form der Bestrafung, die der in Offenbarung 20 erwähnten unheimlich ähnlich ist.

Diese Entwicklungen haben dazu geführt, daß der Verkauf von Büchern und Videos, in denen die Islamische Antichrist-Theorie (IAT) gepriesen (oder zumindest diskutiert) wird, einen historischen Höchststand erreicht hat. Titel wie *Bad Moon Rising* und *The Assyrian Antichrist* füllen die Regale der populären Buchläden, während andere, wie *The Islamic Antichrist* von Joel Richardson, die Bestsellerliste der New York Times erreicht haben. Auf Prophezeiungskonferenzen im ganzen Land treten jetzt Experten auf, die sicher sind, daß der Antichrist aus der Türkei, Jordanien oder Syrien kommen wird. Und es sind nicht wenige Websites entstanden, die dieses neue Szenario der "Bestie des Nahen Ostens" propagieren. In der Zwischenzeit wird die traditionelle Sichtweise des Antichristen, die besagt, daß der Mann der Sünde aus Europa kommen und vom Römischen Reich abstammen wird, schnell verworfen.

Nachdem jahrzehntelang gelehrt wurde, daß der Antichrist als der endgültige "Cäsar" des Planeten Erde vom europäischen Kontinent aufsteigen wird, stellt sich die Frage, warum Pastoren und Kommentatoren diese Position jetzt so schnell über Bord werfen? Warum geben so viele Christen die Vorstellung eines römischen Antichristen auf und wenden sich der Vorstellung eines islamischen Mahdi zu?

In Anbetracht der aktuellen internationalen Lage ist die Antwort gar nicht so schwer...

AUFSTEIGENDER ISLAM

Erstens gibt es trotz all der überzeugenden Predigten und Artikel, die in den 70er und 80er Jahren verfasst wurden und in denen behauptet wurde, daß die Bestie der Apokalypse in Europa auferstehen und vom Römischen Reich abstammen würde, keine Anzeichen dafür, daß dieses Szenario eintreten wird. Zumindest nicht in unmittelbarer Zukunft. Nichts in der europäischen Politik, im Handel oder in der Religion scheint darauf hinzudeuten, daß der Antichrist sein großes Debüt in Großbritannien, Frankreich, Italien oder einem anderen Land der EU (Europäische Union) geben wird. Die christliche Gemeinschaft ist daher gezwungen, den Botschafter des Satans woanders zu suchen. Und der logischste Ort scheinen die Menschen und Nationen des Islam zu sein.

In Übereinstimmung mit Prophezeiungen wie Psalm 83 - die vorhersagen, daß sich Israel's Nachbarn verschwören werden, um es in den letzten Tagen zu zerstören - haben Dutzende von arabischen Gruppen in den letzten siebzig Jahren Krieg gegen das jüdische Heimatland geführt. Und sie werden immer dreister. Ihre jüngste Erfolgsbilanz umfasst zwei Aufstände im West-Jordanland und im Gazastreifen (1987, 2000), zweiundvierzig Scud-Raketenangriffe während des Golfkriegs (1991), drei verheerende Konflikte im Libanon (1982, 1985, 2006) und drei weitere im Gazastreifen (2008, 2012, 2014).

In Übereinstimmung mit Prophezeiungen wie Johannes 16:2 und Jesaja 59:6 - die vorhersagen, daß in der Endzeit schreckliche

Massaker von Menschen verübt werden, die behaupten, Gott zu dienen - fahren islamische Terroristen fort, Menschen auf der ganzen Welt rücksichtslos zu verstümmeln und abzuschlachten. Die Gräueltaten in New York (2001), Bali (2002), Madrid (2004), London (2005), Mumbai (2008), Nigeria (2011), Boston (2013) und Paris (2015) sind nur einige der jüngsten Beispiele. Traurigerweise nehmen die Zahl und das Ausmaß dieser Anschläge immer weiter zu.

Kein Wunder also, daß die Theorie vom islamischen Antichristen so viel Zulauf hat. Der Anstieg der arabischen Gewalt in der ganzen Welt in Verbindung mit dem unverkennbaren Rückgang der europäischen Macht lässt es nur noch wahrscheinlicher erscheinen, daß der ultimative Feind Israels und der Christenheit aus den islamischen Nationen kommen wird, nicht aus Europa oder Rom. Zumindest sieht es im Moment so aus.

Wie also sollten wir all dies interpretieren? Wie sollten Christen auf die Islamische Antichrist-Theorie reagieren, angesichts all der oben genannten Fakten?

AN DER WAHRHEIT FESTHALTEN

Es mag zwar verlockend sein, sich den IAT-Leuten anzuschließen und dem Zug des "islamischen Antichristen" hinterherzujagen, vor allem, wenn diese Hypothese von so vielen prominenten Christen unterstützt wird, aber wir dürfen nicht zulassen, daß die heutigen Schlagzeilen aus dem Nahen Osten oder sogar das offensichtliche Fehlen eines römischen Antichristen unser Verständnis von Gottes Wort bestimmen. Das hieße, eine solide Analyse durch eine "Zeitungsexegese" zu ersetzen. Wir würden Schlussfolgerungen ziehen, die auf aktuellen Ereignissen beruhen und nicht auf dem, was die Bibel tatsächlich sagt.

Ich gebe zu, daß diejenigen, die die Islamische Antichrist-Theorie vertreten, zu den redegewandtesten und angesehensten Führungspersönlichkeiten in der christlichen Gemeinschaft gehören. Sie kennen ihre Bibel und verfügen über ein solides Wissen über die einschlägigen Prophezeiungen und die weltliche Geschichte.

Ich gebe auch zu, daß die Vorstellung eines muslimischen Antichristen bei einer großen Zahl von Evangelikalen die Position des römischen Antichristen überholt hat. Angesichts des früheren Erfolgs so bekannter Autoren wie Hal Lindsey und Jack Van Impe, die beide lehrten, daß der Antichrist aus Europa kommen würde, ist das eine ziemliche Leistung. Es spricht für die Überzeugungskraft der IAT-Argumente.

Dennoch ist die wichtigste Frage für jede neue Lehre oder Position nicht, ob sie populär ist, sondern ob sie mit dem Wort Gottes übereinstimmt. Wir können nicht zulassen, daß die Popularität einer bestimmten Theorie sich über das hinwegsetzt, was Gott bereits gesagt hat, selbst wenn diese Theorie durch aktuelle Ereignisse unterstützt zu werden scheint.

Die Gültigkeit der Position des islamischen Antichristen läuft also auf eine Frage hinaus: Beziehen sich die Prophezeiungen, die vom Antichristen sprechen, auf einen islamischen Mahdi oder auf einen römischen Cäsar? Wenn die Bibel *speziell* auf die Identität des Antichristen eingeht, sagt sie dann, daß das Tier aus einem Reich hervorgehen wird, das erst 600 Jahre, nachdem Christus diese Erde verlassen hatte, existierte, oder sagt sie, daß der Antichrist aus dem Reich hervorgehen wird, das Judäa unterworfen, Jerusalem eingeebnet, den Tempel zerstört, eine Million Juden abgeschlachtet, den Rest verbannt und den Augapfel Gottes, Jesus von Nazareth, gekreuzigt hat?

Bedauerlicherweise und trotz meines aufrichtigen Respekts für diejenigen, die etwas anderes behaupten, glaube ich, daß die Antwort das Letztere sein muss. Die Bibel lehrt, daß die Bestie aus Rom kommen wird. Das ist das übereinstimmende Zeugnis der Heiligen Schrift, wann immer sie das Thema Antichrist berührt. Und das bedeutet, daß die Islamische Antichrist-Theorie nicht wahr sein kann.

FEHLER ÜBER FEHLER

Der Versuch, die Islamische Antichrist-Theorie mit der biblischen Prophezeiung in Einklang zu bringen, hat zu einer Reihe von ungewollten Fehlern geführt. Wenn Sie sich überhaupt mit dieser Theorie beschäftigt haben, dann sind Sie wahrscheinlich schon auf einige dieser Fehlberechnungen gestoßen. Die Liste umfasst so grundlegende Fehler wie:

- Die Behauptung, das "grüne" Pferd in Offenbarung 6:8 signalisiere die grüne Fahne des Islam, obwohl in der Passage keine Fahne erwähnt wird und trotz der Tatsache, daß "chloros", das entsprechende griechische Wort, auch *grau* oder *aschfahl* (wie bei faulendem Fleisch) bedeuten kann,[4] und in fast jeder englischen Bibel (hier in Vers 8) nicht mit "grün", sondern mit blass, grau, fahl, kränklich grün oder aschfahl übersetzt wird.

- Der Brauch, beim Gebet eine Kopfstütze aus Ton zu verwenden (von einigen Muslimen), wird als Beweis dafür angeführt, daß der Islam das in Daniel 2 erwähnte Reich aus "Eisen und Ton" ist.

- Die Behauptung, daß die griechischen Buchstaben für 666 (χξς) in Wirklichkeit arabische Piktogramme für "Im Namen Allahs werden wir Krieg führen" sind, obwohl das Arabische *nicht existierte*, als die Offenbarung geschrieben wurde, und obwohl die heutigen arabischen Symbole nicht mit den Buchstaben übereinstimmen.[5]

- Amerikanische Christen werden beschimpft, weil sie "nicht erkennen", daß die Prophezeiung auf den Nahen Osten ausgerichtet ist und daß der Antichrist daher aus dem Nahen Osten oder aus dem arabischen Raum kommen muss, obwohl Israels schlimmster Feind, das Römische Reich, aus Europa kam.

---

[4] Siehe z. B. ▶ brandplucked.webs.com/rev68apalehorse.htm

[5] Siehe z.B. ▶ https://eutychusnerd.blogspot.com/2010/07/the-mark-of-beast-is-islam-walid.html

- Unter Berufung auf ein erfundenes Wortspiel in Daniel 2:43 ("gemischt" = *ereb* [hebr.] = *arabisch*), um die ethnische Zugehörigkeit des endgültigen Reiches zu entdecken ("Eisen mit Ton vermischt").

- Die Behauptung, daß die in Offenbarung 20:4 erwähnte Hinrichtungsmethode - die Enthauptung - direkt auf den Islam hinweist, obwohl Enthauptungen von Gesellschaften im Laufe der Geschichte, auch in Europa, noch bis 1977 praktiziert wurden.

- Die Behauptung, daß das siebte Haupt des Tieres - das einzige, dem eine "*kurze Zeit*" (Offb. 17:10) vorhergesagt wird - das islamische Kalifat ist, obwohl das Kalifat länger bestand als die Reiche von Babylon, Medo-Persien und Griechenland *zusammengenommen*.

- Die Behauptung, daß nur ein Muslim die volle Sohnschaft und/oder Göttlichkeit Jesu leugnen würde (in Übereinstimmung mit 1. Johannes 2:22), obwohl Mormonen, Buddhisten, Hindus, Sikhs, Juden, Atheisten, Deisten und Zeugen Jehovas *genau dasselbe tun* und obwohl *auch* Katholiken dafür bekannt sind, daß sie sich aussuchen, welche Lehren sie ablehnen oder akzeptieren (wie Nancy Pelosi, die die Tötung ungeborener Kinder unterstützt, und Papst Franziskus, der darauf besteht, daß alle "guten" Menschen in den Himmel kommen, unabhängig davon, ob sie an Christus glauben oder nicht).

Fairerweise muss man sagen, daß nicht jeder Verfechter der islamischen Antichrist-Theorie die oben genannten Fehler macht. Aber einige dieser guten Männer und Frauen kommen dem gefährlich nahe, oder sie stützen sich auf islamische Lehren, um ihre Position zu untermauern. Einige gehen sogar so weit zu sagen, daß die Parallelen zwischen der Bibel und den islamischen Prophezeiungen "erstaunlich" oder "verblüffend" sind, was darauf hindeutet (ob beabsichtigt oder nicht), daß eine islamische Prophezeiung die Prophezeiungen der Bibel irgendwie verstärkt!

WARUM DIE ISLAMISCHE PROPHEZEIUNG DIE IDENTITÄT DES ANTICHRISTEN NICHT ENTHÜLLEN KANN

Eines müssen wir uns bei dieser Diskussion merken: Die islamischen Endzeittraditionen stammen nicht vom Heiligen Geist. Sie stammen von einer Reihe muslimischer Kleriker, die Fragmente des Alten und Neuen Testaments (und anderer Quellen) genommen haben, um ihr eigenes Endzeitszenario zu entwerfen. Infolgedessen ist die muslimische Eschatologie für unsere Zwecke völlig unzuverlässig, und selbst innerhalb der muslimischen Gemeinschaft ist sie oft widersprüchlich und lückenhaft. (Eine Tradition behauptet beispielsweise, daß ihr Messias, der Mahdi, seit dem zehnten Jahrhundert in einer Höhle lebt, während eine andere sagt, daß er erst noch geboren werden muss.)

Erlauben Sie mir, das zu erweitern: Die islamische Prophetie ist nicht durch den Geist Christi inspiriert. Sie kann daher nicht verwendet werden, um unsere Interpretation irgendeiner Passage oder eines Konzepts in der Heiligen Schrift bezüglich des Antichristen oder der Endzeit zu analysieren, zu überprüfen, zu unterstützen, zu korrumpieren oder zu informieren. Sie können nur dazu dienen, zu erklären, warum Muslime das Tier als Verbündeten annehmen oder es (zunächst) als weisen und erhabenen Lehrer betrachten könnten. Islamische Texte können jedoch nicht dazu verwendet werden, die Religion, den Beruf, die Nationalität, den ethnischen Hintergrund oder andere Merkmale des Antichristen zu bestätigen, zu bestimmen oder abzuleiten.

Stattdessen sind die einzigen Schriften, die uns diese Informationen geben und die Zukunft vorhersagen können, in der Bibel enthalten (Jesaja 46:9-10). Und das ist die einzige Quelle, auf die wir schauen sollten.

Wenn wir das tun - wenn wir uns ausschließlich an Gottes Wort orientieren und zulassen, daß es unser Verständnis des Antichristen und der aktuellen Ereignisse bestimmt -, werden wir feststellen, daß die Bibel die Nationalität des Antichristen, sein Reich, seine physische Erscheinung, seine Persönlichkeit und sogar seine Religion klar offenbart. Und nichts von alledem hat etwas mit dem Islam zu tun.

* * * *

Hinweis - Gelegentlich werden Sie am Ende eines Satzes einen Regelvermerk sehen, z. B. "(Regel 2)". Dies weist darauf hin, daß der Satz oder die Aussage auf einer meiner *Auslegungsregeln* (im Anhang) beruht, und die Regel sollte nachgelesen werden, um zu verstehen, warum diese bestimmte Aussage legitim ist. Es gibt nur zehn Regeln, und ich glaube, Sie werden sie sowohl faszinierend als auch aufschlussreich finden.

Kapitel 2

WAS SIE SAGEN

WIE WIR IM VORIGEN KAPITEL gelernt haben, ist die Islamische Antichrist-Theorie eine der faszinierendsten Vermutungen, die jemals in der modernen Endzeitdebatte aufkam. In der Tat hat sie in den letzten Jahren eine beträchtliche Anhängerschaft gewonnen, und es ist nicht schwer zu verstehen, warum. Der Nahe Osten bleibt ein politisches Pulverfass, islamische Terroristen verstümmeln und töten weiterhin Menschen auf der ganzen Welt, und es scheint, daß ein römischer Antichrist niemals aus Europa kommen wird.

Außerdem wurde die Islamische Antichrist-Theorie von vielen respektablen Autoren und Predigern vertreten, und jeder von ihnen hat einige ziemlich überzeugende Argumente zur Unterstützung seiner Position vorgebracht. Diese Brüder im Glauben sind aufrichtig und intelligent, und es ist ihnen ein echtes Anliegen, andere zu Christus zu führen. Auch wenn ich mit ihren Schlussfolgerungen über den Mann der Sünde nicht einverstanden bin, habe ich keinen Zweifel daran, daß ihr Versuch, die heutigen politischen Realitäten mit der biblischen Prophetie in Beziehung zu setzen, aus dem aufrichtigen Wunsch geboren ist, Gottes Wort zu verstehen und Menschen errettet zu sehen. Jeder dieser Ausleger hat zur Diskussion über die Eschatologie beigetragen und verdient unsere Liebe und unseren Respekt.

Ich möchte daher diese Diskussion fortsetzen, indem ich einige dieser Redner und Autoren höflich zitiere, damit wir alle genau verstehen können, was sie sagen. Anschließend werde ich meine Gründe darlegen, warum ich zu einem anderen Schluss komme.

JOHN MACARTHUR

Lassen Sie mich zusammenfassen, was Muslime über den Mahdi glauben: Der Mahdi wird eine messianische Figur sein... Er wird ein beispielloser, unvergleichlicher Führer sein. Er wird aus einer Krise des Aufruhrs herauskommen. Er wird die Kontrolle über die Welt übernehmen. Er wird eine neue Weltordnung errichten. Er wird alle vernichten, die sich ihm widersetzen. Er wird in viele Nationen einmarschieren. Er wird einen siebenjährigen Friedensvertrag mit den Juden schließen. Er wird Israel erobern und die Juden massakrieren. Er wird das islamische Welthauptquartier in Jerusalem errichten. Er wird sieben Jahre lang regieren [und] den Islam als einzige Religion einführen. Er wird auf einem weißen Pferd mit übernatürlicher Macht kommen. Er wird von allen Menschen auf der Erde geliebt werden.

Wenn Ihnen das bekannt vorkommt, ist das eine genaue Beschreibung des biblischen Antichristen. Absolut Schritt für Schritt und Schritt für Schritt. Der Antichrist der Bibel ist ihr Mahdi...

Warum erzähle ich Ihnen das alles? Weil die Beschreibung des Mahdi genau der Beschreibung des biblischen Antichristen, des Tieres aus Offenbarung 13, entspricht. Und wenn Sie sich mit diesem Thema beschäftigen, werden Sie feststellen, daß alle Details perfekt übereinstimmen.[6]

Pastor MacArthur ist ein unglaublich begabter Lehrer und ein engagierter Hirte des Volkes Gottes. Er verdient eine "doppelte Portion" an Ehre in Anerkennung seiner lebenslangen Arbeit, den Leib Christi zu leiten, zu lehren und zu stärken. Infolge der obigen Predigt glauben nun jedoch Tausende von Christen, daß der Antichrist der Mahdi des Islams sein muss, weil MacArthur andeutet, daß die Lehren des Islams irgendwie die biblische Prophezeiung bestätigen: "[D]ie Beschreibung des Mahdi ist genau die Beschreibung des

---

[6] https://m.youtube.com/watch?v=b-f8zDeqy-k [11:45-13:10] "Der Mahdi ist der Anti-Christ" - Pastor John MacArthur. Veröffentlicht 12/12/2017.

biblischen Antichristen." Ich bin mir zwar sicher, daß MacArthur den Prophezeiungen des Islam keinen Glauben schenkt, aber es ist klar, daß er zumindest glaubt, daß der Antichrist ein Muslim sein wird, denn nachdem er die oben genannten Ähnlichkeiten erwähnt hat, verkündet er dann, daß der Antichrist auf der Grundlage von Hesekiel 38 und Offenbarung 17 aus der östlichen Hälfte des alten Römischen Reiches kommen wird, einem Gebiet, das heute fast vollständig vom Islam beherrscht wird. Und das bedeutet, so MacArthur, daß die in Hesekiel 38 aufgeführten islamischen Nationen - nicht die Nationen Europas - seine Machtbasis bilden werden.[7]

JOHN HAGEE

Bald wird ihr Retter [der Retter Europas] erscheinen. Es wird der Antichrist sein, [der Mann], der in Europa und in der Welt eine Eine-Welt-Währung, eine Eine-Welt-Regierung und eine Eine-Welt-Religion einführen wird...

Wir sprechen jetzt also von einer weltweiten Religion [unter dem Antichristen]. Ich glaube, das wird der Islam sein. Er existiert bereits...

Die Frage ist - und diese Frage wurde mir in den letzten Monaten mehrfach gestellt - ob *der Antichrist in der Bibel und der Mahdi des Islam dieselbe Person sind.*

Vergleichen wir also die Bibel und ihre Beschreibung des Antichristen mit dem Koran über den Mahdi, den islamischen Messias:

Erstens: Der islamische Messias wird ein mächtiger, politischer und militärischer Führer der Welt sein. In der Bibel ist der Antichrist genau dasselbe.

Zweitens wird der islamische Messias ein spiritueller Weltführer sein und jeden, der eine andere Religion als

---

[7] In Anhang C finden Sie eine Abschrift der Erklärung von Pastor MacArthur zu diesem Thema.

den Islam praktiziert, dazu bringen, diesem Glauben abzuschwören und den Islam zu verehren oder geköpft zu werden (das sieht man jetzt bei ISIS)... Der Antichrist ist ein spiritueller Weltführer, der verlangen wird, daß die Welt ihn verehrt. Diejenigen, die das nicht tun, werden enthauptet...

Drittens: Der Antichrist wird Christen und Juden zum Tode verurteilen... Der islamische Messias wird Christen und Juden zum Tode verurteilen.

Viertens wird der Antichrist sein Bild auf dem Tempelberg in Jerusalem aufstellen, damit die Welt ihn anbetet und ihn "Gott" nennt... Der islamische Messias wird Jerusalem angreifen und versuchen, es für den Islam zu erobern, um eine islamische Herrschaft über die Erde zu errichten und mit dem islamischen Gesetz, der Scharia, von der Stadt Jerusalem aus zu regieren.

Fünftens: Der Antichrist wird Israel einen Siebenjahresvertrag anbieten... Der islamische Messias wird genau dasselbe anbieten.

Sechstens: Der Antichrist kommt auf einem weißen Pferd... Der islamische Messias kommt auf einem weißen Pferd, im Koran.

Siebtens: Der Antichrist wird Zeiten festlegen und Gesetze ändern... Der islamische Messias wird mit der Scharia auf der ganzen Erde Zeiten festlegen und Gesetze ändern.

Sieben von sieben - nicht schlecht! Wenn es einer wäre, wäre das ein Zufall. Wenn es zwei wären, würde Sie das beunruhigen. Aber wenn man sieben exakte Vergleiche hat, *kann man wohl sagen, daß es ein und dieselbe Person ist.*[8]

---

[8] https://www.youtube.com/watch?v=y0utkD3gjtc [14:26-14:40 und 20:12-23:00] "John Hagee 2016, Der König des Westens Das letzte Spiel der Throne 13. März 2016"

Pastor Hagee ist ein hervorragender Prediger und Ausleger des Wortes Gottes. Ich persönlich bin durch seine kraftvollen und erbaulichen Predigten gesegnet worden. Er verdient unseren tiefsten Respekt und unsere Bewunderung. Doch wie bei Pastor MacArthur bin ich der Meinung, daß seine Analyse des "muslimischen Antichristen" völlig falsch ist. Und warum? Weil er davon ausgeht, daß die islamische Prophezeiung zuverlässig ist (sie stimmt mit "sieben von sieben" biblischen Prophezeiungen überein) und daher dazu verwendet werden kann, die Religion und Nationalität des Antichristen zu bestätigen.

Pastor Hagee zufolge wird der Antichrist kein römischer Cäsar sein, sondern ein muslimischer Führer - der *Mahdi* -, der aus dem Gebiet des alten Römischen Reiches auftauchen und dann am Ende eine bösartige Koalition der Nationen des Nahen Ostens anführen wird.

JOEL RICHARDSON

Joel Richardson ist ein außergewöhnlicher Redner und Autor. Er ist auch der bekannteste Verfechter der islamischen Antichrist-Theorie.

Es ist Richardson hoch anzurechnen, daß er den Trugschluss erkennt, islamische Prophezeiungen heranzuziehen, um zu beweisen, daß der Antichrist ein Muslim sein wird, und er vermeidet es daher, islamische Orakel zur Unterstützung seiner Schlussfolgerungen heranzuziehen:

> Ich stimme völlig überein... was die Tatsache betrifft, daß viele der islamischen Erzählungen lediglich entlehnte und verzerrte Versionen biblischer, gnostischer und zoroastrischer Berichte sind... Meine Nachforschungen zeigen lediglich, was die alte islamische Tradition die Muslime zu erwarten veranlasst hat.[9]

---

[9] https://joelstrumpet.com/wp-content/uploads/2014/12/A_Response_to_Dr_Reagans_Article-Will_the_Antichrist_be_a_Muslim-Joel_Richardson.pdf (S. 7)

Und ich würde die islamische Prophezeiung nie so betrachten, als ob sie tatsächlich prophetisch wäre. Muslimisches apokalyptisches Material ist es wert, verstanden zu werden, nur um zu sehen, daß Satan daran gearbeitet hat, eine Gegenerzählung für diejenigen zu schaffen, die getäuscht werden. Aber ich betrachte es nicht als eine Quelle der Wahrheit.[10]

In Übereinstimmung mit diesen Aussagen vermeidet Richardson klugerweise die Falle, islamischen Schriften Legitimität zu verleihen. Stattdessen stützt er seine Ansicht über den islamischen Antichristen auf eine umfassende Analyse der einschlägigen Schriften in Gottes Wort. Außerdem erinnert er seine Zuhörer geduldig daran, daß seine Schlussfolgerungen nicht dogmatisch sind. "Die Zukunft könnte uns einen *Curve Ball (Kurvenball)* zuwerfen", scherzt er oft.

Aus diesen Gründen schätze und respektiere ich Joel Richardson aufrichtig. Ich glaube, daß seine Bücher und YouTube-Videos ein großes "Plus" für die Endzeitdebatte gewesen sind. Er hat der Kirche eine Menge Einblicke in die Endzeitprophetie gewährt und uns eine Menge Denkanstöße gegeben. Ich empfehle ihn aufrichtig.

Dennoch muss ich der Einschätzung meines Bruders hinsichtlich der Herkunft des Antichristen widersprechen, nämlich daß er im Nahen Osten als Mahdi des Islam auferstehen wird. Warum? Weil seine Analyse der Bibel meiner Meinung nach zahlreiche logische Fehler enthält. Hier sind nur einige davon, die in *Mideast Beast* auftauchen (paraphrasiert):

- **Voreilige Verallgemeinerung** - *Der Antichrist muss ein Araber sein, denn die Bibel sagt wiederholt, daß die arabischen Nationen in Harmageddon vernichtet werden, der gleichen Schlacht, in der auch der Antichrist vernichtet werden wird* (*Mideast Beast*, S. 5, 36-37).

    Es stimmt, daß die Bibel im Zusammenhang mit Harmageddon oft die Bestrafung arabischer Nationen wie

---

[10] https://joelstrumpet.com/?p=5731 (Richardsons Antwort auf eine Blog-Frage.)

Edom, Moab und Ägypten hervorhebt. Aber das erlaubt uns nicht, zu verallgemeinern und zu sagen, daß der Antichrist deshalb ein Araber sein muss. Die Bibel sagt auch, daß viele *nicht-arabische* Nationen am selben Ort und zur selben Zeit bestraft werden (Offb. 16:14), und der Antichrist könnte genauso gut aus einer von ihnen kommen.

- **Argument aus dem Schweigen** - *Der Antichrist kann kein Römer oder Europäer sein, weil die Bibel im Zusammenhang mit der Endzeitprophetie nie ausdrücklich "Rom" oder "Europa" nennt* (*Mideast Beast*, S. 36).

  Die bloße Tatsache, daß die Heilige Schrift im Zusammenhang mit der Endzeitprophetie nicht direkt "Europa" oder "Rom" nennt, bedeutet nicht, daß der Antichrist nicht aus diesem Teil der Welt kommen kann oder daß die Heilige Schrift nicht auf andere Weise auf dieses Gebiet hinweist, z. B. durch Himmelsrichtungen, bestimmte Handlungen, zeitliche Markierungen, königliche Abstammung, göttliche Vergeltung usw. (siehe IAT-Behauptung Nr. 4 sowie Kapitel 5 dieses Buches).

- **Argument aus einem Irrtum** - *Der Antichrist muss aus einem arabischen Land kommen, weil meine Gegner falsch liegen, wenn sie sagen, daß diese Länder nur eine "Allegorie" im Zusammenhang mit der Endzeitprophetie sind* (*Mideast Beast*, S. 18-20, 23, 39).

  Richardson hat Recht, daß seine Gegner im Irrtum sind - die von seinen Gegnern erwähnten Länder (Moab, Edom, Seir, Amalek) sind *keine* bloße Allegorie in 4. Mose 24, Jesaja 25 und so weiter. Aber das bedeutet nicht automatisch, daß der Antichrist ein Araber sein muss. Denken Sie daran: Nur weil ein Standpunkt falsch ist, heißt es nicht, daß der entgegengesetzte Standpunkt richtig ist.

- **Irrtum einer einzelnen Ursache** - *Der Antichrist muss ein Araber sein, weil Jesus die Nationen richten wird, die Israel gespalten haben, und die Heilige Schrift nur arabische Nationen für die Spaltung Israels verantwortlich macht* (*Mideast Beast*, S. 33).

  In der Bibel steht tatsächlich, daß die arabischen Nationen die Spaltung Israels herbeiführen werden. Dies wird mit ziemlicher Sicherheit durch den Vertrag von Daniel 9:27 geschehen, den der Antichrist aushandeln wird. Aber die Bibel sagt *nicht*, daß die Araber die einzige Ursache für diese Spaltung sein werden oder daß keine anderen Fraktionen an der Spaltung Israels beteiligt sein werden. Richardson selbst stellt fest, daß mehrere amerikanische Pastoren jetzt zu einer solchen Spaltung aufrufen, und nichts in der Schrift schließt aus, daß ein europäischer Antichrist ebenfalls zur Spaltung Israels beitragen wird.

- **Änderung der Regeln** - Das *Reich des Antichristen muss in der Nähe der antiken Stadt Babylon liegen, denn König Nebukadnezars prophetischer Traum dreht sich darum, was mit dem Königreich Babylon geschehen wird* (*Bestie des Mittleren Ostens*, S. 71-72).

  Nachdem er sich sehr bemüht hat, zu beweisen, *daß sich die Prophezeiung auf Israel konzentriert,* ändert Richardson dieses Prinzip plötzlich dahingehend, *daß sich die Prophezeiung auf Babylon konzentriert,* um der islamischen Antichrist-Theorie Rechnung zu tragen. Man kann nicht mittendrin die Methode der Schriftauslegung ändern und erwarten, daß man glaubwürdig bleibt.

- **Falsches Bibelzitat** - *Daniel sagte, daß das endgültige Reich das Gebiet aller vorherigen Reiche, d. h. die Gebiete von Babylon, Medo-Persien und Griechenland, in Besitz nehmen und besetzen würde.* In Daniel 2:40 (NKJV) heißt es: "[Das letzte Reich] wird in Stücke brechen und <u>all die anderen</u>

zermalmen." Dies ist ein wichtiges Detail, das vom islamischen Kalifat erfüllt wurde, aber nicht von Rom (*Mideast Beast*, S. 63-64).

In krassem Gegensatz zu der von Richardson zitierten NKJV-Bibel enthält das Originalmanuskript von Daniel 2:40 nicht die letzten drei Worte "all die anderen". Es sagt also nicht das, was Richardson behauptet. (Man kann diese Diskrepanz leicht nachprüfen, indem man einfach die KJV, KJ3 und YLT sowie alle verfügbaren Interlinearbibeln überprüft). Sich auf Bibelversionen zu berufen, die die Bedeutung des Textes grundlegend verändern, vor allem, wenn man diesen Text benutzt, um seine Argumente vorzubringen, ist keine akzeptable Methode der Exegese (um es gelinde auszudrücken).

Ich begrüße Joel Richardson für seine Hingabe an das Studium der Endzeitereignisse und dafür, daß er es ablehnt, islamischen Prophezeiungen Glaubwürdigkeit zu verleihen. Sein Geschichtsverständnis ist solide und er hat eine außergewöhnliche Gabe zu schreiben. Wie Sie jedoch aus den obigen Beispielen ersehen können, ist seine Analyse der Heiligen Schrift an *fast jedem kritischen Punkt* durch fehlerhafte Argumentation und/oder schwankende Grundregeln beeinträchtigt.

Folglich kann man sich auf Richardsons Schlussfolgerungen, ebenso wie auf die der Pastoren Hagee und MacArthur, nicht verlassen. Stattdessen sind sie grundlegend fehlerhaft und sollten beiseite gelegt werden.

Meiner Meinung nach ist die Islamische Antichrist-Theorie von Anfang an tot. Alles, was bleibt, ist, die Lampe einzuschalten und den Leichnam zu untersuchen. Und das können wir tun, indem wir einfach fünfzehn wichtige Behauptungen untersuchen, die von den Befürwortern dieser Theorie gemacht werden.

Kapitel 3

15 FEHLER IN DER THEORIE DES ISLAMISCHEN ANTICHRISTEN

DER FOLGENDE ABSCHNITT behandelt fünfzehn spezifische Fehler, die häufig von den Anhängern der islamischen Antichrist-Theorie begangen werden.

Es gibt eine ganze Menge Material zu besprechen, aber für diejenigen, die sich für das Studium der Eschatologie interessieren, sollte es sowohl faszinierend als auch unterhaltsam sein. Außerdem habe ich die einzelnen Argumente in das folgende Format gebracht, um das Lesen des gesamten Abschnitts zu erleichtern:

1) Eine kurze **Darstellung** der Behauptung

2) Eine Zusammenfassung der **Belege** für die einzelnen Behauptungen

3) Eine Erklärung, **warum die Behauptung falsch ist**

Wenn alle fünfzehn Irrtümer berücksichtigt werden, bricht die Islamische Antichrist-Theorie unter ihrem eigenen Gewicht zusammen, und es bleibt keine andere Wahl, als zu erkennen, daß der Antichrist kein Muslim sein kann. Stattdessen muss er ein Italiener sein, der von Europa aus ein wiederbelebtes Römisches Reich anführen wird.

Fangen wir an...

IAT-BEHAUPTUNG NR.1 - Der Antichrist wird aus der arabischen Rasse kommen, denn das ist "das Volk", das den Tempel im Jahr 70 n. Chr. niedergerissen hat.

UNTERSTÜTZUNG: Fast 700 Jahre vor dem Ereignis sagte der Prophet Daniel voraus, daß der Tempel in Jerusalem von einem nicht näher bezeichneten "Volk ..., das kommen wird", zerstört werden würde (Dan. 9:26). Nach Ansicht der Befürworter der islamischen Antichrist-Theorie war "das Volk, das kommen wird" der Stammvater der arabischen Nationen, insbesondere der Stammesangehörigen des Nahen Ostens, die sich der römischen Armee als Hilfstruppen angeschlossen hatten:

> **Daniel 9:26** - Und nach zweiundsechzig Wochen wird der Messias [Jesus] ausgerottet werden, aber nicht um seiner selbst willen; und das **Volk des Fürsten**, der kommen wird, **wird die Stadt** [Jerusalem] und das **Heiligtum** [den Tempel] **zerstören**; und ihr Ende wird in einer überströmenden Flut sein, und bis zum Ende des Krieges sind Verwüstungen bestimmt.

Die meisten konservativen Gelehrten sind sich einig, daß es sich hierbei um eine Beschreibung der grausamen Zerstörung Jerusalems und des Tempels handelt, die von Nero im ersten Jahrhundert nach Christus angeordnet worden war.

Die Römer mögen zwar für die Zerstörung des Tempels im Jahr 70 n. Chr. verantwortlich gewesen sein, aber "das Volk", das diese Zerstörung physisch durchführte, waren Wehrpflichtige aus den örtlichen Stämmen: Syrer, Ammoniter, Edomiter, Ägypter und andere Gruppen aus dem Nahen Osten. Diese "Einheimischen" machten etwa 80 % der römischen Streitkräfte in Judäa aus, und aus ihren Nachkommen wurden die heutigen arabischen Nationen.

Die Vorhersage Daniels, daß der Antichrist (der "Fürst") zu dem "Volk ..., das kommen wird", gehört, bedeutet also, daß er aus einer arabischen Nation kommen wird.

WARUM DIESES ARGUMENT FALSCH IST: Die Armeen praktisch aller antiken Reiche umfassten sowohl einheimische Truppen *als auch* ausländische Hilfstruppen. Das war an sich nichts Ungewöhnliches. Aus der Geschichte wissen wir, daß die Reihen der ausländischen Einheiten (in fast allen großen Armeen) in der Regel mit Soldaten gefüllt wurden, die entweder nach der Eroberung in den Dienst gezwungen wurden oder die freiwillig von weit her kamen, um sich der Armee als Söldner anzuschließen.

Gott berücksichtigte jedoch nie die Nationalität der angeheuerten Helfer, um festzustellen, welches "Volk" für den Angriff auf Israel verantwortlich war und deshalb bestraft werden sollte. Es waren immer die Befehlshaber, die zur Rechenschaft gezogen wurden, nicht die ausländischen Hilfstruppen. Es war die Nationalität des Kaisers und seiner leitenden Offiziere, die darüber entschied, welches "Volk" die Schuld trug und somit unter Gottes Verdammung stand. Betrachten Sie diese Beispiele:

1491 v. Chr. - Ägypten droht, die hebräischen Sklaven zu vernichten.
Bestrafung: Alle Erstgeborenen *Ägyptens* werden in einer Nacht geschlachtet (2. Mose 12:29-30). Der *Pharao* und sein gesamtes Wagenheer ertranken im Roten Meer (2. Mose 14:26-30). Keine Erwähnung von ausländischen Hilfstruppen.

701 v. Chr. - Assyrien droht, Jerusalem zu zerstören.
Bestrafung: Das gesamte Lager von 185.000 *Assyrern* wird in einer Nacht getötet. *König Sanherib* wird zwanzig Jahre später von seinen eigenen Söhnen ermordet (2. Könige 19:35-37). Keine Erwähnung von ausländischen Hilfstruppen.

607 v. Chr. - Babylon vernichtet die Juden und plündert den Tempel.
Bestrafung: Unterwerfung des gesamten *babylonischen* Reiches in einer Nacht. *König Belsazar* wird bei einem Festmahl getötet (Dan. 5). Keine Erwähnung von ausländischen Hilfstruppen.

In allen oben genannten Fällen gibt es keine Aufzeichnungen darüber, daß Gott die ausländischen Soldaten einer dieser Armeen herausgegriffen und dann behauptet hätte, daß ihre Länder (geschweige denn ihre Nachkommen) die Schuld an den Übertretungen des Reiches tragen würden. *Dies gilt unabhängig davon, in welchem Maße diese Hilfstruppen an den Vergehen beteiligt waren.* Stattdessen war es immer die Nation des Mannes, der das Sagen hatte - derjenige, der die Entscheidung traf, in den Krieg zu ziehen -, die vom Herrn identifiziert und summarisch bestraft wurde.

Das Gleiche gilt für die Zerstörung Jerusalems im Jahr 70 n. Chr.: Syrische Wehrpflichtige mögen an der Zerstörung des Tempels beteiligt gewesen sein, aber das "Volk", das die Verantwortung für diese Zerstörung trug, waren die Römer, denn sie waren das "Volk", das das Sagen hatte. Sie waren diejenigen, die am Knöpfchen saßen.

Die Fakten der Geschichte beweisen dies eindeutig. Zunächst einmal waren es zwei italienische Generäle (Vespasian und Titus), die unter der Autorität eines italienischen Kaisers (Nero) handelten und vier Legionen befahlen, die Stadt und den Tempel zu umzingeln. Dann war es ein italienisches Offizierskorps, das die anschließende Operation dreieinhalb Jahre lang durchführte. Danach war es eine italienische Ehrengarde, die die Banner Caesars auf dem Tempelberg hisste und den Sieg der Italiener verkündete. Danach waren es die römischen Legionen - Macedonica, Fretensis, Fulminata und Apollinaris -, die die überlebende Bevölkerung zur Flucht zwangen. Und schließlich war es eine italienische Hauptstadt - Rom -, in die die Tempelschätze und die besiegten jüdischen Befehlshaber gebracht wurden.[11]

Kurz gesagt, es war nicht die Kriegsmaschinerie irgendeines Häuptlings aus dem Nahen Osten, die das schreckliche Blutbad im Israel des ersten Jahrhunderts anrichtete. Es war die Kriegsmaschinerie von drei der skandalösesten Italiener der Geschichte: Nero, Vespasian und Titus.

---

[11] Die besiegten jüdischen Befehlshaber waren Johannes von Giscala und Simon Giora.

Warum haben die Römer das getan? Weil die Juden es gewagt hatten, sich Rom zu widersetzen. Und das ist der Schlüssel zu dieser ganzen Diskussion. Die Belagerung Jerusalems wurde nämlich von Cäsar angeordnet, weil die Juden sich geweigert hatten, *Cäsars* Erlasse zu akzeptieren, und weil sie sich weigerten, *Cäsar* als Gott zu verehren. Der Grund für den Krieg hatte nichts mit irgendwelchen Streitigkeiten zwischen Israel und seinen arabischen Nachbarn zu tun. Als die Spannungen im Jahr 66 n. Chr. schließlich überkochten und eine Handvoll jüdischer Freiheitskämpfer die römische Garnison in Fort Antonia vertrieb, wurde Kaiser Nero wütend und befahl seinen einheimischen und ausländischen Truppen, die Beleidigung der Würde und Autorität *Roms* zu rächen. Aus diesem Grund wird die Zerstörung Jerusalems und des Tempels zu Recht den Römern zugeschrieben und nicht ihren arabischen Untergebenen. *Wären die Araber nicht Teil der römischen Streitkräfte gewesen, hätten die Römer Israel trotzdem den Krieg erklärt, und sie wären trotzdem vorgegangen und hätten Jerusalem und den Tempel vernichtet.* Und deshalb sind in Daniel 9:26 die Römer gemeint, nicht die Araber.

Unbeeindruckt von diesen Fakten haben die Anhänger der islamischen Antichrist-Theorie eine interessante Antwort parat: Rom, so sagen sie, trage keine Schuld an der Zerstörung des Tempels, weil General Titus seinen Männern ausdrücklich befohlen habe, dies nicht zu tun. Der General wollte das prächtige Bauwerk offenbar als Trophäe für Rom retten, und als die Syrer das Gebäude in Brand setzten, eilte Titus tatsächlich zum Ort des Geschehens und versuchte, seine Untergebenen daran zu hindern, das Haus Gottes zu beschädigen. Doch die ungehobelten Syrer hatten kein Interesse daran, römische Trophäen zu bewahren. Stattdessen brodelte es in ihnen vor Gier und Rache. So widersetzten sich die Syrer ihrem Befehlshaber und brachen trotz Titus' Befehl in den Tempel ein. Anschließend plünderten sie das Heiligtum und rissen das Bauwerk Stein für Stein nieder.

Nun... es ist wahr. Titus hatte seinen Männern tatsächlich befohlen, den Tempel nicht zu beschädigen. Und die widerspenstigen Syrer stürmten tatsächlich herein und begannen, das Heiligtum trotz Titus'

Befehl niederzureißen.[12] Aber es stimmt *auch*, daß Titus - begierig auf Rache und einen Anteil an den Tempelschätzen - bald seine Entscheidung revidierte und seinen Männern befahl, das Heiligtum bis auf die Grundmauern zu zerstören:

> Sobald das Heer keine Menschen mehr zu töten oder zu plündern hatte, **gab Cäsar** [Titus] **den Befehl**, die ganze Stadt und den Tempel zu zerstören.[13]

Dann schlossen sich die Römer ihren syrischen Kameraden an, vollendeten die Zerstörung des Tempels und töteten oder versklavten alle Juden in Sichtweite. Die Stadt selbst wurde ausgelöscht. Die Italiener waren also an der Zerstörung Jerusalems und des Heiligtums ebenso schuldig wie ihre ausländischen Untergebenen.

Noch einmal: Die römischen Armeen, die die jüdische Hauptstadt umzingelten, mögen (zu einem großen Teil) aus Syrern und Edomitern bestanden haben - obwohl selbst dieser Punkt unter angesehenen Gelehrten umstritten ist[14] -, aber diese Stammesangehörigen aus dem Nahen Osten hätten ohne die Mittel, die Initiative und die Führung der Italiener niemals die Stadt belagert oder den Tempel zerstört. Das ist der Grund, warum Daniel im 7. Jahrhundert v. Chr. die zukünftigen römischen Plünderer als das namenlose "Volk ... das **kommen wird**" bezeichnete, anstatt die Stämme zu nennen, die bereits in und um Judäa ansässig waren (was Daniel leicht hätte tun können). Die einheimischen Söldner konnten nicht "das Volk ... das **kommen wird**" sein, denn sie *lebten bereits* in diesem Gebiet. Daniel hatte offensichtlich eine andere Gruppe von obskuren, weit entfernten Menschen im Sinn, die erst noch kommen sollten. Die Krieger aus Italien passen auf diese Beschreibung, die Hilfstruppen aus dem Nahen Osten nicht.

---

[12] *Die Kriege der Juden*, Buch 6, Kap. 4, Abs. 3, 6, 7.

[13] *Die Kriege der Juden*, Buch 7, Kap. 1, Abs. 1. Siehe auch Buch 6, Kap. 6, Abs. 3.

[14] Professor William J. Hamblin (BYU) beispielsweise schätzt das Verhältnis eher auf 50:50. Siehe: https://scholarsarchive.byu.edu/cgi/viewcontent.cgi?article=3171&context=byusq Siehe auch den Prophezeiungs-Blog von Sean Osborne: https://eschatologytoday.blogspot.com/2009/02/some-thoughts-on-debunking-european.html

Zu behaupten, daß die arabischen Truppen an der Zerstörung des Tempels schuld sind - im Gegensatz zu ihren römischen Herren - ist in der Tat so, als würde man behaupten, daß ein Mafiaboss nicht an der schweren Körperverletzung Schuld ist, weil die meisten seiner Leute kolumbianische Killer waren, obwohl er den Raub organisiert, die Waffen besorgt und den Angriff angeführt hat.

Da es keine Aufzeichnungen aus dem Jahr 70 n. Chr. gibt, aus denen die ethnische Herkunft jedes einzelnen Soldaten hervorgeht, der an der Belagerung teilgenommen hat - tatsächlich gibt es kaum 3000 Quellendokumente, die einen Zeitraum von 300 Jahren und etwa 2 Millionen Soldaten abdecken - ist es unmöglich, genau zu wissen, wie groß der Anteil der arabischen Bevölkerung an dieser Truppe war.[15]

Was wir wissen, ist Folgendes: Im Jahr 70 n. Chr. umfassten die Legionen Roms Männer aus dem gesamten Reich - Italien, Spanien, Gallien, Deutschland, Nordafrika, Griechenland usw. Und sie alle standen unter dem Kommando eines italienischen Cäsars und mehrerer italienischer Generäle. Es ist daher schlichtweg unmöglich, die Verantwortung für die Zerstörung des Tempels einer bestimmten ethnischen Gruppe zuzuschreiben, *mit Ausnahme der Italiener*, die die Operation unbestreitbar angestiftet und geleitet haben.

Aus historischer, rechtlicher und praktischer Sicht waren es also die Italiener, die für die Auslöschung der "Stadt und des Heiligtums" verantwortlich waren. Und das bedeutet, daß der Antichrist aus dieser *Blutlinie* (hebräisch "am" (Rasse)) stammen wird, nicht von den Arabern.

---

[15] Die Tatsache, daß es nicht genügend Beweise gibt, um absolute Schlussfolgerungen über die ethnische Zugehörigkeit der römischen Truppen in Judäa im Jahr 70 n. Chr. zu ziehen, wird von mehreren IAT-Befürwortern stillschweigend zugegeben, die sich auf den "akademischen Konsens" berufen, um ihre Position zu stützen. Der akademische Konsens ist ein Mittel, mit dem automatisch eingeräumt wird, daß die Position schwach ist, denn wenn die Daten wirklich solide und aussagekräftig sind, ist es irrelevant, über die Frage abzustimmen. Stattdessen steht fest, daß die Italiener die Verantwortung für die Belagerung Jerusalems trugen.

IAT-BEHAUPTUNG NR. 2 - Laut der Apokalypse wird Satan seinen "Thron" dem Antichristen überlassen. Und da sich Satans Thron einst in der (heutigen) Türkei befand, muss der Antichrist ein Türke sein - was bedeutet, daß er ein Muslim sein muss!

UNTERSTÜTZUNG: Es besteht kein Zweifel daran, daß Satan seinen Thron in sehr naher Zukunft an den Antichristen abgeben wird. In Offenbarung 13:2 ist eindeutig von der Tribulation die Rede:

> **Das Tier** aber, das ich sah, war gleich einem Leoparden, und seine Füße waren wie Bärenfüße, und sein Maul war wie das Maul eines Löwen. Und **der Drache gab ihm** seine Macht und **seinen Thron** und große Kraft. (NKJV)

Wir wissen auch, daß sich zu der Zeit, als Johannes die Apokalypse schrieb, in der Stadt *Pergamon* ein so genannter "Thron des Satans" befand:

> **Offenbarung 2:12-13** (NKJV) - Und dem Engel der Gemeinde in **Pergamus** schreibe: "Dies sagt der, der das scharfe, zweischneidige Schwert hat: Ich kenne deine Werke und weiß, wo du wohnst, **wo der Thron des Satans** *ist*."

Da die Stadt Pergamon einst der Ort war, an dem "der **Thron des Satans**" stand, und da Pergamon heute innerhalb der Grenzen der **Türkei** liegt, muss der Regierungssitz des Antichristen natürlich auch in der Türkei liegen. Und das bedeutet, daß er ein Muslim sein muss!

WARUM DIESES ARGUMENT FALSCH IST: So rational das obige Argument auch klingen mag, die Logik bricht bei näherer Betrachtung in sich zusammen.

Erstens: Als Jesus sagte, daß der Thron des Satans in Pergamon liegt [16], wollte er damit nicht andeuten, daß Pergamon buchstäblich der Ort war, an dem Satan Hof hielt. Es war nicht sein Kommandoposten

---

[16] Viele glauben, daß der "Thron Satans", den Jesus in Offenbarung 2 zitiert, eine Anspielung auf den "Altar des Zeus" in Pergamon (heute in Berlin, Deutschland) ist, aber das ist unwahrscheinlich, denn der Altar des Zeus war ein Tempel, kein Thron.

oder seine globale Operationszentrale. In der Tat haben zwar mehrere Städte als Brennpunkte für Satans Kampf gegen Gott gedient (Babylon, Ninive, Tyrus, Rom usw.), aber kein Kaiser oder Kalif hat jemals von Pergamon aus regiert, weder zur Zeit Jesu noch zu irgendeiner anderen Zeit. [17] Die Stadt fungierte nie als Satans physische Hauptstadt oder gar als sein "strategisches Hauptquartier" im Sinne des Wortes.

Außerdem haben mehrere Ausleger vorgeschlagen, daß der berühmte Zeusaltar von Pergamon der "Thron Satans" war, auf den sich Jesus in Offenbarung 2 bezog, doch ist dies höchst zweifelhaft. Erstens war der Altar des Zeus ein Gebäude und kein Thron. Zweitens ging es Jesus um die dämonischen Lehren, die die Kirche infizierten (V. 14 und 15), nicht um die Möbel des Feindes.

Als Jesus sagte, daß "der Thron Satans" in Pergamon liegt, benutzte er in Wahrheit nur eine Metapher. Er betonte die Tatsache, daß Pergamon von so viel Sünde und Verdorbenheit erfüllt war, daß der Geist des Feindes die Stadt beherrschte und in ihr "wohnte" (V. 13). Pergamon war eine "Kathedrale" der dämonischen Ungerechtigkeit, ein Ort, an dem die Sünde "thronte". Das ist alles, was Jesus meinte.

Folglich ist der Begriff "Thron Satans" kein Code für den Regierungssitz des Feindes oder den Ort, von dem aus der Antichrist regieren wird. Es handelt sich einfach um eine Redewendung. Der Ausdruck kann sich auf jede Stadt oder jeden Ort beziehen, der von Ausschweifungen durchtränkt ist. In diesem Sinne könnten Städte wie Sodom, Ninive, Babylon, Pompeji, Tyrus, Athen und Rom - alle in ihrer Blütezeit - auch als Orte bezeichnet werden, "wo Satans Thron steht". Es ist einfach jeder Ort, an dem die Sünde "regiert". [18]

---

[17] In der Antike war Pergamon die Hauptstadt der römischen Provinz "Asia" (d. h. Kleinasien oder die heutige Türkei), aber es war nie die Hauptstadt des Reiches. Kein Cäsar oder Kalif hat jemals von Pergamon aus regiert, und daher ist es in Verbindung mit den oben genannten Fakten klar, daß Pergamon nicht dazu verwendet werden kann, den Ursprung des Antichristen vorwegzunehmen.

[18] Eine ähnliche Redewendung wird in Jer. 1:14-15, 43:9-11 und 49:37-39 verwendet, um die *Autorität* eines Königs über ein Volk zu bezeichnen, das er regiert oder erobert hat, und nicht den Ort seiner *Hauptstadt*.

Wenn es in Offenbarung 13 heißt, daß der Drache dem Tier "seinen Thron geben" wird, bedeutet dies, daß Satan dem Antichristen das Recht geben wird, in seinem Namen zu regieren. Es bedeutet, daß der Teufel seine Autorität und Macht an seinen Sohn delegieren wird, damit seine teuflischen Pläne wirksam ausgeführt werden können. Das ist die übliche Bedeutung, einem Untergebenen den Thron zu überlassen. Es handelt sich dabei eher um eine rechtliche als um eine physische Realität.[19]

Folglich beweist Offenbarung 2:13 nicht, daß der Antichrist aus der Türkei kommen wird. Und es beweist auch nicht, daß er ein Muslim sein wird.

IAT BEHAUPTUNG NR. 3 - Mehrere Monarchen in der Heiligen Schrift sind unter dem Titel "*König des Nordens*" bekannt. Und alle von ihnen lebten im Nahen Osten. Wenn Daniel den Antichristen als "König des Nordens" bezeichnet, sagt er uns damit, daß der Antichrist ebenfalls ein Monarch aus dem Nahen Osten sein wird.

UNTERSTÜTZUNG: Daniel bezeichnet den Antichristen in seinem Buch mindestens zweimal als "König des Nordens". Eine Erwähnung ist explizit, die andere implizit:

> **Daniel 11:21** - Und an seiner Stelle [der Stelle eines *früheren* "**Königs des Nordens**"] wird ein abscheulicher Mensch [der Antichrist] aufstehen, dem sie die Ehre des Reiches nicht geben werden.

> **Daniel 11:40** - [Und] der **König des Nordens** [der Antichrist] wird gegen ihn kommen wie ein Wirbelsturm, mit Wagen und Reitern und mit vielen Schiffen ...

---

[19] Wenn Johannes später in der Offenbarung (Kapitel 13) sagt, daß Satan dem Antichristen "seinen Thron geben" wird, sind *beide* Aspekte dieser Formulierung enthalten: der rechtliche und der physische. Satan wird seinem Sohn das *legale Recht* einräumen, in seinem Namen zu regieren, aber er wird ihm auch das *physikalische Reich* geben, das Satan benutzt hat, um Christus zu ermorden, d.h. das römische Reich.

Diese Verse verleihen der Vorstellung, daß der Antichrist ein Herrscher des Nahen Ostens sein wird, viel Gewicht, denn jedes Mal, wenn die Bibel diesen Namen - König des Nordens - verwendet, bezeichnet er einen Herrscher, der in der Region Assyrien, Kleinasien, Babylon oder Griechenland regiert. Mit anderen Worten, er bezeichnet ein Land im oder um den Nahen Osten.

Wenn die Heilige Schrift den Antichristen in Daniel 11 als "König des Nordens" bezeichnet, sagt uns der Herr damit, daß der Antichrist aus einer Nation des Nahen Ostens kommen wird.

WARUM DIESES ARGUMENT FALSCH IST: Ich stimme zu, daß der "König des Nordens" in Daniel 11:21-45 der Antichrist ist. Der Titel "König des Nordens" bedeutet jedoch nicht automatisch, daß der Antichrist aus dem Nahen Osten kommt oder daß sein Land auf einer Linie liegt, die zwischen Jerusalem und dem Nordpol verläuft. Stattdessen weist er einfach auf die Region in Israel hin, über die die Streitkräfte des Antichristen wahrscheinlich in das Heilige Land eindringen werden.[20]

Das ist nicht verwunderlich, denn die Stämme Israels bezeichneten ihre Feinde oft nach dem Engpass, durch den die Armeen ihrer Gegner ziehen mussten. Folglich meinte die Bezeichnung "König des Nordens" oder "König des Südens" einfach den Weg und die Städte, die im Falle einer Invasion verteidigt werden mussten, *unabhängig* davon, wo sich die Heimat des Gegners tatsächlich befand.

Wäre die Bezeichnung "Norden", dann wären die ersten Stämme im nördlichen Quadranten, Asser und Naftali, die mit Problemen konfrontiert würden, und die Topographie der darauf folgenden Schlacht könnte die Ebenen von Megiddo oder ein höheres Gebirge wie den Berg Hermon umfassen. Wenn "Süden", dann waren die Stämme Simeon und Juda im Spiel, und die Handlung könnte in der Nähe von Städten wie Beerscheba oder Hebron beginnen. Kurzum,

---

[20] Technisch gesehen gab es zur Zeit des Alten Testaments noch keine Magnetkompasse. Daher war "Norden" buchstäblich "das Land der Dunkelheit", während "Osten" "der Sonnenaufgang" war. Die oben genannten Himmelsrichtungen sind jedoch im Wesentlichen genau.

die Begriffe "König des Südens" und "König des Nordens" waren eine Art Kurzschrift für militärische Zwecke.

Folglich wurde der Titel "König des Nordens" häufig Monarchen verliehen, *deren Reiche nicht in der Nähe der Region unmittelbar nördlich von Israel lagen.* Dazu gehörten Königreiche, die nordwestlich von Israel lagen (wie Magog - Hes. 38:15); direkt östlich von Israel (wie Babylon - Hes. 26:7); nordöstlich von Israel (wie das Seleukidenreich - Dan. 11:6-20); oder sogar ganz außerhalb des Nahen Ostens (wie Griechenland - Dan. 11:2-4, als Schlussfolgerung). Und ja, es galt auch für Königreiche, die direkt nördlich von Israel lagen, wie z. B. Assyrien (Zef. 2:13).

Damit ein Monarch "König des Nordens" genannt werden konnte, musste er nur über den nördlichen Zugang in das Heilige Land einreisen (Jer. 25:26). Und genau auf diese Weise wäre auch ein römischer Cäsar eingereist.[21] (Siehe Karte unten.)

Der Titel "König des Nordens" in Daniel 11 beweist also nicht, daß der künftige Antichrist ein Herrscher des Nahen Ostens sein wird oder daß sein Land direkt nördlich von Judäa liegen muss. Stattdessen könnte er einfach ein Römer (ein Italiener) sein, der durch das Nordtor nach Israel einreist.

---

[21] Im Jahr 63 v. Chr. betrat Rom tatsächlich das Heilige Land über den nördlichen Zugang, als Pompeius' Armee über Damaskus nach Jerusalem marschierte. Später, um 67 n. Chr., betraten die V. und XII. römische Legion auf ihrem Marsch zur jüdischen Hauptstadt und ihrer Zerstörung Israels ebenfalls über das nördliche Tor.

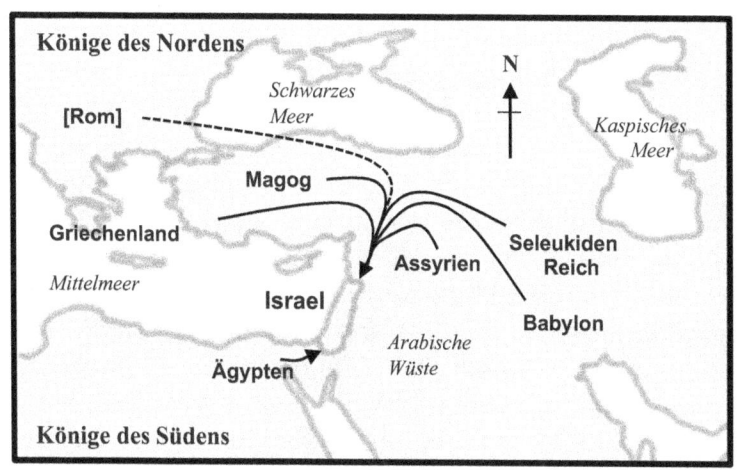

IAT-BEHAUPTUNG NR. 4 - Die Bibel sagt wiederholt, daß die islamischen Nationen, die Israel umgeben, in der Schlacht von Harmageddon schwer bestraft werden. Der Antichrist muss also aus einer dieser Nationen kommen. Er muss islamisch sein.

<u>UNTERSTÜTZUNG</u>: Die Bibel sagt wiederholt, daß die Völker von Assyrien, Moab, Edom und viele andere Stämme des Nahen Ostens die größten Feinde der Juden in der Endzeit sein werden (Ps. 83; Ez. 11:14-17, 35:10; Joel 3:4, usw.) Sie sagt auch, daß diese Völker in der Schlacht von Harmageddon für ihre Verbrechen gegen die Juden bestraft werden - dieselbe Schlacht, in der der Antichrist gerichtet und in den Feuersee geschickt wird.

Logischerweise bedeutet dies, daß der Mann der Sünde aus einem dieser arabischen Bevölkerungszentren hervorgehen wird, die jetzt alle muslimisch sind. Dies gilt umso mehr, als die Bibel so viel Wert auf ihre Zerstörung durch Christus legt, während die Heilige Schrift "Rom" oder "Europa" im Zusammenhang mit dem Tier nie erwähnt.

<u>WARUM DIESES ARGUMENT FALSCH IST</u>: Leider ist die obige Argumentation für die Anhänger der islamischen Antichrist-Theorie grob falsch, weil sie einen logischen Fehler enthält. Dieser Fehler ist

als *falsche Äquivalenz* bekannt. Eine falsche Äquivalenz liegt immer dann vor, wenn jemand behauptet, daß zwei Dinge identisch sind, nur weil sie ein paar Merkmale gemeinsam haben.

In diesem Fall stützen sich die Befürworter der IAT auf nur zwei Merkmale. Das erste ist, daß sowohl die Araber als auch der Antichrist Israel hassen und versuchen werden, es während der Tribulation zu vernichten. Das zweite ist, daß sowohl die Araber als auch der Antichrist bei Harmageddon besiegt und verurteilt werden. Können Sie erraten, was kommen wird? Ja, genau! Auf der Grundlage dieser dürftigen Beweise kommen die IAT-Theoretiker zu dem Schluss, daß der Antichrist aus den arabischen Völkern hervorgehen wird, denn ein gemeinsamer Hass und ein gemeinsamer Untergang implizieren (angeblich) eine gemeinsame Abstammung!

Diese Denkweise ist jedoch falsch. Nichts in der Heiligen Schrift verbindet den Antichristen ausdrücklich mit den Arabern, und eine solche Verbindung wird von keiner Prophezeiung gefordert. Die einschlägigen Passagen harmonieren genauso gut, wenn der Antichrist von Italien aus an der Spitze einer europäischen Armee kommt und die Araber einfach daran arbeiten, Israel im selben Moment zu zerstören.

Dennoch ist es unwahrscheinlich, daß die Exegeten der IAT diesen Punkt zugeben werden. Stattdessen werden sie feststellen, daß die schiere Anzahl der Fälle, in denen arabische Nationen im Zusammenhang mit der letzten Schlacht erwähnt werden, beweist, daß das Tier ein Muslim sein wird. Der Antichrist *muss* aus dem Gebiet von Moab, Edom, Seir, Gebal, Assyrien oder Babylon kommen, sagen sie, weil diese Länder so oft im Zusammenhang mit endzeitlichen Schriften erwähnt werden, während Rom und Europa nicht erwähnt werden.[22]

---

[22] Nach Ansicht der IAT-Befürworter ist die Tatsache, daß die Schrift wiederholt die Zerstörung von Moab, Edom, Seir, Ammon, Dedan, Ägypten, Kusch, Put, Philister, Amalek und Lud bei der Wiederkunft Christi vorhersagt (Joel 3:11-12; Sach. 12:2, 6, 16; Ez. 25:12-16, 28:23-24; Zeph. 2, 4.Mose 24:17-24; Jes. 25:8-11) bedeutet, daß der Antichrist wahrscheinlich aus einer der Nationen in unmittelbarer Nähe Israels kommen wird (was alle diese Nationen waren). Aber diese Einschätzung ist reine *Spekulation*, weil die Bibel nie ausdrücklich sagt, daß der Antichrist aus einer dieser Nationen kommen wird. Außerdem

Als Antwort darauf möchte ich zunächst daran erinnern, daß das Anführen weiterer Beispiele für ein fehlerhaftes Argument dieses Argument nicht wahr machen kann, ganz gleich, wie viele Beispiele angeführt werden. *Nur weil CNN eine Reihe osteuropäischer Banden nennt, um zu beweisen, daß sie das organisierte Verbrechen überholt haben, heißt das nicht, daß jeder Verbrecherboss in Amerika jetzt ein Mitglied der tschetschenischen Mafia ist oder daß keine anderen Banden für kriminelle Aktivitäten verantwortlich sind.*

Auch wenn die Bibel die arabischen Nationen wiederholt für ihre Behandlung Israels verurteilt und ihren Untergang bei der Wiederkunft Jesu vorhersagt, bedeutet das nicht *automatisch*, daß der Antichrist ein Araber ist. Tatsache ist, daß die Bibel diese Behauptung nie aufstellt. Sie sagt nie: "Der Antichrist wird aus Ägypten kommen", oder: "Der Antichrist ist ein Sohn Assyriens". Stattdessen sagt die Bibel wiederholt, daß die ganze Welt die Juden in der Endzeit hassen wird (Mt. 24:9), und daß alle Völker zum Harmageddon versammelt werden (Offb. 16:14). Folglich werden nicht nur die arabischen Nationen in Israel auftauchen, sondern auch die Mächte Russlands, Chinas und Amerikas, *zusammen mit* den europäischen Nationen des Antichristen.

Daher beweisen Passagen wie 4. Mose 24, Psalm 83, Jesaja 25, Sacharja 12 und Hesekiel 11, die oft zur Unterstützung der IAT-Position herangezogen werden, nicht, daß der Antichrist ein Muslim sein wird. Stattdessen berichten sie einfach über einige der vielen Teilnehmer an Harmageddon, in diesem Fall die Araber. **Sie bringen den Antichristen nicht ausdrücklich mit dem arabischen Volk in Verbindung.** Und das ist der entscheidende Datenpunkt, den die IAT-Befürworter übersehen haben.

Zweitens: Nur weil die Heilige Schrift nie ausdrücklich Europa oder Rom im Zusammenhang mit der Heimat des Antichristen nennt, heißt das nicht, daß er nicht aus dieser Region kommt. Tatsache ist, daß keiner der Propheten Israels Europa oder Rom in ihren Schriften

---

widerspricht diese Ansicht anderen Bibelstellen, die eindeutig darauf hinweisen, daß der Antichrist ein Nachkomme Roms ist. Bitte lesen Sie meine Bücher *The Antichrist* und *Empire of the Antichrist*.

erwähnen würden, weil beide Orte den Juden zu der Zeit, als die Prophezeiungen aufgezeichnet wurden, nicht sehr gut bekannt waren. Als Jesaja Ende des Jahres 700 v. Chr. seine Visionen aufschrieb, war Europa kaum mehr als eine zersplitterte Ansammlung unbedeutender Stämme, und Rom selbst begann gerade erst, sich unter einer Reihe von halbmythologischen Königen zu einem Königreich zusammenzufinden. Die Stadt war außerhalb der italienischen Halbinsel praktisch unbekannt und wurde von den assyrischen, babylonischen, persischen, ägyptischen und griechischen Nationalstaaten überhaupt nicht wahrgenommen.

Noch 445 v. Chr., als Malachi das letzte Buch des Alten Testaments schrieb, befand sich Rom noch in der Frühphase der Republik und übte praktisch keinen Einfluss auf die Angelegenheiten des Nahen Ostens aus. Die Propheten Israels kannten Rom zu dieser Zeit im Wesentlichen nicht und kümmerten sich daher auch nicht darum.

Wenn also der Engel (in Daniel 11) zum Propheten gesagt hätte: "Das Volk des Fürsten, der kommen wird, wird aus **Rom** hervorgehen", wäre der Name weder bei Gottes Sprecher noch bei seiner Zuhörerschaft, den Juden, registriert worden. Er hätte für keinen von ihnen einen Sinn ergeben. Also identifizierte der Engel das Heimatland des Antichristen, indem er die Handlungen seines Volkes vorhersagte: Das Volk des Antichristen, sagte er, würde für den Abriss des Tempels und der Stadt verantwortlich sein. Und die Geschichte lehrt uns, daß es die *Römer* waren, die das im Jahr 70 n. Chr. taten.

Daher ist die Behauptung, der Antichrist könne nicht aus Rom oder Europa kommen, nur weil diese Orte nicht ausdrücklich in der Heiligen Schrift erwähnt werden, bestenfalls ein Argument des Schweigens. Es hat so gut wie kein Gewicht.

Andererseits sagt die Bibel zwar nie ausdrücklich, daß die Heimat des Antichristen Rom ist, aber sie weist zweifellos *geografisch* auf diesen Ort hin. Wir finden diesen Hinweis in Daniel 8:9. Die Worte Daniels sind sogar so eindeutig, daß es nicht nötig ist, über ihre Bedeutung zu raten: Der Antichrist wird aus einem Gebiet kommen, das

nordwestlich von Israel liegt - eine Zone, in der es keine arabischen Nationen gibt:

> **Daniel 8:9** - Und aus einem von ihnen ging ein **kleines Horn** [der Antichrist] hervor, das sehr groß wurde, gegen **Süden** und gegen **Osten** und gegen das **schöne Land**.[23]

Ein Blick auf die nachstehende Karte sollte jeden vernünftigen Menschen davon überzeugen, daß die einzige Gruppe von Nationen, von der aus man "nach Süden und Osten" reisen und das "angenehme Land" (Israel) erreichen könnte, die Europäische Union ist: Frankreich, Spanien, England, Italien, usw. - nicht Ägypten, Libyen, Saudi-Arabien, Jordanien, Irak oder irgendeine andere arabische Nation.

Dan. 8:9 - Der Antichrist muss "nach Süden und Osten" reisen, um Israel zu erreichen

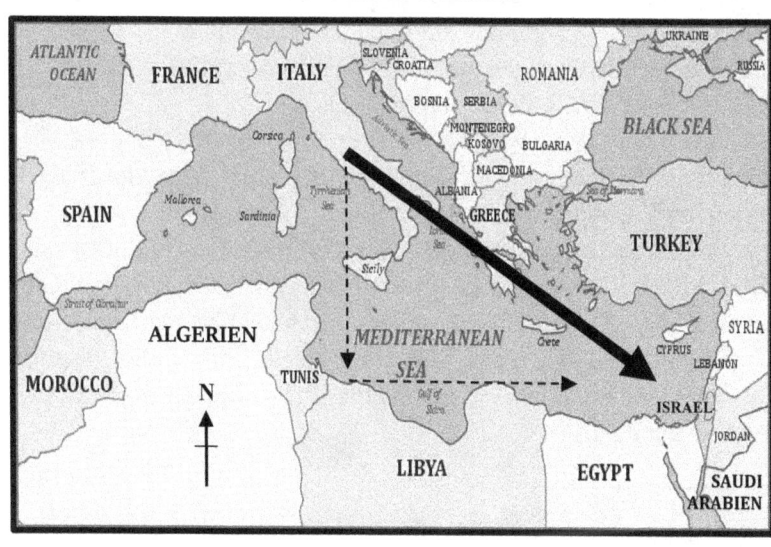

---

[23] In der Heiligen Schrift ist Israel (im Allgemeinen) der Achsenpunkt für die Himmelsrichtungen. Es gibt jedoch einige Fälle, in denen Israel nicht der Ursprung oder der Mittelpunkt für eine Reihe von Richtungen ist. (Siehe z. B. 1. Mose 4,16; 2. Mose 10,19; Dan 8,4 usw.) Im obigen Beispiel weist der Text eindeutig darauf hin, daß Israel der *Endpunkt* für den Antichristen ist, nicht sein Ursprung (Verse 9-12). Daher muss der Ausgangspunkt für die Richtung "Süden und Osten" irgendwo außerhalb Israels liegen, d. h. irgendwo "nördlich und westlich" des "angenehmen Landes".

Meiner Meinung nach ist diese Karte nicht verhandelbar. Sie ist nicht verhandelbar, weil sie genau das abbildet, was die Heilige Schrift beschreibt. Der Antichrist wird aus Europa kommen, denn das ist der einzige Ort, der eine Reise "nach Süden und Osten" erfordern würde, um nach Judäa zu gelangen. Und derselbe Ursprungsort wird durch Dinge wie die *Identität des Volkes*, das den Tempel im Jahr 70 n. Chr. zerstörte, das *Beispiel von 1.Mose 3:15*, das Prinzip der *göttlichen Vergeltung*, das als "*Drei bevor dem Kreuz*" bekannte Konzept,[24] und viele andere Beweislinien bestätigt. (Eine vollständige Erörterung dieser Konzepte finden Sie in meinem Buch *Empire of the Antichrist*).

Hinzu kommt, daß Europa schnell in eine neue und beängstigende Phase des Antisemitismus abgleitet. Nationalistische Gruppierungen verfolgen die Juden wie nie zuvor (zumindest nicht seit Nazi-Deutschland), jüdische Familien sind gezwungen, in Scharen vom Kontinent zu fliehen, und europäische Regierungen - einschließlich derjenigen der Schweiz, Frankreichs, Spaniens, Deutschlands und Griechenlands - ergreifen inmitten internationaler Streitigkeiten immer wieder Partei gegen die Juden.[25] Mit anderen Worten: Der Geist des Antichristen ist in Europa ausgebrochen.

In Anbetracht der Aussage Daniels, in der das Kleine Horn "**nach Süden und Osten**" reisen muss, um das "**angenehme Land**" zu erreichen, könnte der Antichrist vom europäischen Kontinent oder sogar aus Großbritannien kommen. Aber er kann nicht aus Saudi-Arabien, der Türkei, Syrien, Jemen, Katar, Ägypten, dem Irak, Algerien, Jordanien, dem Libanon, Gaza oder einer anderen arabischen Nation kommen, weil keines dieser Länder nordwestlich von Kanaan liegt.[26]

---

[24] *Drei bevor dem Kreuz"* bezieht sich auf die Tatsache, daß nach Daniel 9:24-26 das letzte Reich spätestens in dem Jahr bestehen musste, in dem der Messias gekreuzigt und "abgeschnitten" wurde. Das liegt daran, daß alle **drei** Reiche in Daniels "Visionen und Prophezeiungen" (Kapitel 8 und 9) innerhalb von Daniels ersten 69 Wochen erscheinen mussten, die 445 v. Chr. begannen und 32 n. Chr. am **Kreuz** endeten. Eine ausführliche Diskussion dieses Konzepts finden Sie in meinem Buch *Empire of the Antichrist*.

[25] Siehe zum Beispiel: www.jta.org/2018/06/13/united-states/un-general-assembly-condemns-israel-gaza-violence

[26] Fairerweise könnte man sagen, daß die Türkei (oder zumindest ein Teil von ihr) nordwestlich von Israel liegt. Allerdings ist die Türkei so groß, daß die Hälfte des Landes auch *nordöstlich*

IAT-BEHAUPTUNG NR. 5 - Das Buch der Offenbarung impliziert eindeutig, daß der Antichrist die DNA der babylonischen, medopersischen und griechischen Völker hat. Er muss also ein Sohn des Nahen Ostens sein.

UNTERSTÜTZEN: Offenbarung 13 scheint darauf hinzuweisen, daß das Tier ein "Mischwesen" aus dem babylonischen, dem medopersischen und dem griechischen Volk ist. Sein Körper besteht aus denselben drei Tieren, die Daniel zur Darstellung der drei genannten Reiche verwendet hat - dem Löwen, dem Bären und dem Leoparden:

> **Offenbarung 13:1-2** - Und ich stand auf dem Sand des Meeres und sah ein **Tier** [den Antichristen] aus dem Meer aufsteigen... Und das Tier, das ich sah, war gleich einem **Leoparden**, und seine Füße waren wie **Bärenfüße**, und sein Maul war wie das Maul eines **Löwen**; und der Drache gab ihm seine Macht und seinen Sitz und große Kraft.

Folglich muss der Antichrist ein Nachkomme der Menschen sein, die in diesen Gebieten lebten. Und das bedeutet, daß er ein Muslim sein muss, denn der Islam beherrscht jetzt genau diese Gebiete.

WARUM DIESES ARGUMENT FALSCH IST: Die verschiedenen Bestandteile des Körpers des Tieres in Offenbarung 13:2 spiegeln nicht die Genealogie, Religion, ethnische Gruppe, territoriale Basis oder Nationalität des Antichristen wider. Stattdessen spiegeln sie sein **aggressives, gewalttätiges Wesen** wider. Sie sagen uns, daß er der Oberbefehlshaber eines Militärbündnisses von zehn Nationen sein wird, das sich durch unübertroffene **Schnelligkeit, Macht und Gerissenheit** auszeichnen wird.

Woher wissen wir, daß dies der richtige Weg ist, um die Symbolik des Löwen, des Bären und des Leoparden hier in der Apokalypse zu beurteilen? Weil es das ist, was dieselbe Symbolik ausdrückte, als sie zum ersten Mal im Buch Daniel erschien (Regeln 1 und 4).

---

des jüdischen Staates liegt. Daher ist die genaueste Art, die Lage der Türkei zu beschreiben, zu sagen, daß sie **nördlich** von Kanaan liegt. Und wenn das stimmt, dann folgt daraus, daß die Türkei nicht das Heimatland des Antichristen sein kann, weil das "kleine Horn" **nach Süden und Osten** reist, um die Juden zu erreichen, nicht nur nach Süden.

Wie Sie sich vielleicht erinnern, symbolisierte das Bild eines geflügelten Löwen in Daniel 7:4 die Tatsache, daß König Nebukadnezar sich über seine Feinde erhob und daß alle militärische Macht allein in seiner Hand lag (V. 2:37-38; 4:22). Es bedeutete, daß Nebukadnezar im Krieg unglaublich kühn und im Frieden äußerst stolz war. Der geflügelte Löwe bedeutete nicht, daß Nebukadnezar ethnisch dem Nahen Osten angehörte.[27]

In ähnlicher Weise bedeutete das Bild eines schiefen Bären in Daniel 7:5, daß die Armeen von Medo-Persien aus zwei "ungleichen" Kolonnen bestehen würden (eine stärker als die andere), die jedoch so massiv und mächtig sein würden (wie ein riesiger Bär), daß sie alle ihre Gegner verschlingen werden (V. 7:5).

Auch in Daniel 7:6 bedeutet das Bild eines Leoparden mit vier Flügeln und vier Köpfen, daß Alexander der Große seine Feinde mit blendender Geschwindigkeit (vier Flügel), unschlagbarer Taktik (vier Köpfe) und unglaublicher Stärke (das Wesen eines Leoparden) angreifen würde. Es bedeutete nicht, daß Alexander unbedingt Grieche oder Mazedonier war.

Folglich symbolisiert das Bild des Tieres in Offenbarung 13 mit dem Maul eines Löwen, den Füßen eines Bären und dem Körper eines Leoparden nicht die Nationalität, Religion oder ethnische Zugehörigkeit des Antichristen. Vielmehr symbolisieren sie seine Schnelligkeit, Kraft und Brillanz im Kampf. **Er wird schneller, bösartiger und verschlagener sein als Babylon, Medo-Persien und Griechenland** *zusammengenommen.*

---

[27] Daniel verwendet das Bild eines Löwen als Motiv für Nebukadnezar. Aber er tut dies, um auf die *Wildheit* des Königs hinzuweisen, nicht um anzuzeigen, daß er ethnisch gesehen Babylonier ist. Beispielsweise wird Jesus - der eindeutig kein Babylonier ist - in der biblischen Prophetie ebenfalls als Löwe dargestellt, um die *Wildheit* des Herrn und nicht seine ethnische Zugehörigkeit zu verdeutlichen (er ist der *Löwe von Juda* in 1. Mose 49:8-10 und Offb. 5:5). Sogar Satan - der ebenfalls kein Babylonier ist - wird mit einem Löwen verglichen, um auf seine *Wildheit* hinzuweisen (1. Petr. 5:8). Ebenso beanspruchen mehrere moderne Staaten den Löwen als ihr nationales Symbol (z. B. Großbritannien, Belgien, Iran, Finnland usw.), weil der Löwe *Wildheit* und nicht ethnische Zugehörigkeit bedeutet. Das "Löwenmaul" in Offb 13:2 deutet also nicht auf die Religion, ethnische Zugehörigkeit oder Nationalität des Tieres hin. Es bedeutet einfach, daß es absolut grausam und tödlich ist. Das Biest ist ein Kriegshetzer, kein Babylonier.

Wenn dies nicht der Fall wäre - wenn die Bestandteile des Tieres irgendetwas mit der Religion, der ethnischen Zugehörigkeit oder der nationalen Herkunft des Antichristen zu tun hätten -, müssten wir zu dem Schluss kommen, daß der Antichrist entweder ein "griechisch-türkisch-persischer Araber" von der ethnischen Zugehörigkeit her oder ein "griechisch-orthodoxer Moslem" von der Religion her sein muss, was beides bedeutungslose Konstruktionen sind.

Daher sagt nichts in Offenbarung 13:2 etwas über die Rasse, die Staatsangehörigkeit oder die religiöse Zugehörigkeit des Antichristen aus (außer vielleicht, daß er mit heidnischen Reichen im Gegensatz zu Israel in Verbindung gebracht wird). Stattdessen sagt uns dieses Bild, daß der Antichrist mit totaler Autorität über seine Streitkräfte ausgestattet sein wird, daß diese Streitkräfte massiv und mächtig sein werden und daß der Antichrist sie einsetzen wird, um seine Gegner mit unvergleichlicher Geschwindigkeit, Stärke und taktischer Brillanz zu überwältigen.[28]

IAT-BEHAUPTUNG NR. 6 - Nach Daniel wird sich das Reich des Antichristen an den Grenzen orientieren, die einst das Reich von Antiochus IV. begrenzten. Da dieses Gebiet nun fast ausschließlich von Muslimen bewohnt wird, muss der Antichrist ein Muslim sein.

---

[28] Einige IAT-Theoretiker sind der Meinung, daß die Bestandteile des Tierkörpers (Löwe-Bär-Leopard) auf die Nationen hinweisen, die sich seinem Militärbündnis anschließen werden, und nicht auf die militärischen Qualitäten des Mannes und seiner Streitkräfte (d. h. Schnelligkeit, Macht und Wildheit in der Schlacht). Wenn dies jedoch zuträfe, dann würde das endgültige Reich aus den unwahrscheinlichsten Partnern bestehen: Griechenland und die Türkei (die noch immer erbitterte Feinde sind) sowie Irak und Iran (die ebenfalls erbitterte Rivalen sind). Wenn die zusammengesetzten Merkmale eines Reiches darauf hindeuten, daß es alle vorherigen Reiche absorbiert hat - wie mehrere IAT-Theoretiker behaupten -, dann müsste das zweite Tier in Daniel (Medo-Persien) ein Bär mit *einigen Löwenmerkmalen* sein (weil Medo-Persien Babylon erobert und absorbiert hat), und das dritte Tier (Griechenland) müsste ein Leopard mit *einigen Merkmalen eines Bären und eines Löwen* sein (weil die Griechen Babylon und Medo-Persien erobert und absorbiert haben). Aber das ist natürlich nicht das, was die Heilige Schrift sagt. Stattdessen ist jedes Tier für sich allein zu sehen, und nur das vierte Tier soll die Eigenschaften der anderen in sich tragen - ihre Schnelligkeit, Kraft und Wildheit.

UNTERSTÜTZEN: Der Prophet Daniel sagte einst voraus, daß sich eines Tages ein "König mit grimmiger Miene" im Nahen Osten erheben und in Israel Unheil anrichten würde:

> **Daniel 8:23-24** - Und in der letzten Zeit ihres Reiches, wenn die Übertreter vollzählig sind, wird sich ein **König mit grimmigem Gesicht** und finsteren Sprüchen erheben. Und seine Macht wird gewaltig sein, aber nicht aus eigener Kraft; und er wird ein erstaunliches Verderben anrichten und wird Erfolg haben und üben und wird die Mächtigen und das heilige Volk verderben.

Viele Ausleger identifizieren diesen König - den Daniel auch das "kleine Horn" (V. 9) nennt - als Antiochus Epiphanes. Das liegt daran, daß Antiochus' Schreckensherrschaft in Judäa von 168-164 v. Chr. einen Großteil von Daniels Prophezeiung zu erfüllen schien. Antiochus war ein durch und durch brutaler Tyrann, der die Kontrolle über Judäa übernahm, das Judentum verbot, die Juden folterte und den Tempel entweihte. Er zeigte gegenüber niemandem Gnade. Tatsächlich war er so größenwahnsinnig, daß er nicht nur Judäa unterwarf, sondern auch einen Großteil des Gebietes, das später das erste islamische Kalifat bilden sollte.

Da weithin angenommen wird, daß der Antichrist die endgültige Erfüllung der Prophezeiung in Daniel 8 ist, muss er aus demselben Gebiet kommen, das einst von Antiochus kontrolliert wurde. Und fast jeder in dieser Region ist heute ein Muslim.

WARUM DIESES ARGUMENT FALSCH IST: Die Vorstellung, daß es sich bei Daniels "König mit dem grimmigen Antlitz" um Antiochus IV. handelt, ist offenkundig falsch. Daher können die Grenzen, die einst das Reich des Antiochus definierten, nicht verwendet werden, um das Gebiet abzuleiten, aus dem der zukünftige Antichrist hervorgehen wird.

Woher wissen wir, daß es sich bei Daniels "König mit dem grimmigen Antlitz" nicht um Antiochus IV. handelt? Weil der Engel, der die Vision auslegt, ausdrücklich sagt, daß der "König mit dem grimmigen Antlitz" ein Monarch ist, der in der "letzten Zeit" erscheinen wird:

> **Daniel 8:23** - Und in der **letzten Zeit** ihres Reiches, wenn die Übertreter vollzählig sind, wird ein **König mit dem grimmigem Antlitz aufstehen.**

Mit anderen Worten: Der "König mit dem grimmigen Antlitz" in diesem Abschnitt ist jemand, der während *der Tribulation* an die Macht kommen wird. Er wird während der **"letzten Zeit"** kommen, ein technischer Ausdruck, der immer die gesamte (oder einen Teil) der 70sten Woche Daniels bezeichnet. Er wird kommen, wenn die Menschheit so verdorben und sündig geworden ist, daß unser Planet endlich bereit ist für das Jüngste Gericht der Apokalypse, d. h. wenn die "Übertretungen" der Menschheit "vollendet" sind.

Keine dieser Bedingungen war zur Zeit des Antiochus erfüllt, und sie waren auch zu keiner Zeit danach erfüllt. Daher kann ab Vers 23 nur vom zukünftigen Antichristen die Rede sein, nicht von einem historischen Monster wie Antiochus. Und das bedeutet, daß die Gebiete, die von Antiochus kontrolliert wurden, für die Vorhersage der Herkunft des Antichristen nutzlos sind, weil Antiochus nicht im Bild ist.[29]

Die parallele Aussage in Vers 19, in der es um den Zeitpunkt des "Königs mit dem grimmigen Antlitz" und seinem Aufstieg zur Macht

---

[29] In einem Versuch, die Vorstellung zu untermauern, daß Antiochus IV. der "König mit dem grimmigen Antlitz" in Vers 8:23 ist, behaupten mehrere Ausleger, daß Daniel 11:21-35 *auch* die Herrschaft von Antiochus beschreibt und daß diese Kapitel daher die "Antiochus"-Theorie zusammen unterstützen. Diese Position kann jedoch aus einem einfachen Grund nicht stimmen: Das letzte Auftauchen eines "Königs des Nordens" findet in V. 21 statt, was bedeutet, daß V. 21 der Punkt ist, an dem die Erzählung von den alten Königen zum endgültigen Antichristen übergeht. Und da es sich bei dem König im vorhergehenden Vers (V. 20) um einen Monarchen handelt, der starb, *bevor* Antiochus an die Macht kam (zweifellos Seleukos Philopater), kann kein Teil von Daniel 11 von Antiochus handeln. Beachten Sie sorgfältig: Der König in V. 21 soll ein Bürgerlicher sein (Altenglisch, "gemeine Person", d. h. eine Person von niedriger Geburt) und kann daher kein Mitglied des Königshauses sein (ihm wird nicht "die Ehre des Königreichs" zuteil). Das schließt Antiochus sofort aus, der ein mazedonischer Fürst war und aus einer langen Linie von Seleukiden-Königen stammte. (Die CEV-Bibel vermittelt dieses Konzept im modernen Englisch recht gut).

geht, unterstreicht dies:

> **Daniel 8:19** - Und er [der Engel] sprach: Siehe, ich will dich wissen lassen, **was in der letzten Zeit** des Zorns **geschehen soll**; denn zur festgesetzten Zeit soll das Ende kommen.

Viel klarer wird es nicht mehr. Der letzte Teil von Daniels Vision ist ein Bericht über Dinge, die "am letzten Ende" geschehen werden. Es ist eine Vorhersage der **endzeitlichen Ereignisse**. Es wird dann sein, wenn Gottes "Zorn" seine Grenze erreicht hat und "die Übertreter vollendet sind". Das wird am Ende des Zeitalters sein, während der Tribulation. Dann, und nur dann, wird sich der "König mit dem grimmigen Antlitz" erheben:

> **Daniel 8:23** - Und in der **letzten Zeit ihres** Reiches ... wird sich ein **König mit grimmiger Miene ... erheben.**

Der "König mit dem grimmigen Antlitz" muss also der zukünftige Antichrist sein, nicht der historische Antiochus. Und das bedeutet, daß weder Antiochus noch die Grenzen seines Reiches herangezogen werden können, um vorherzusagen, woher das Tier kommen wird.

Bitte beachten Sie: Wie viele andere Archetypen des Antichristen, z. B. Nebukadnezar und Alexander, stimme ich zu, daß mehrere Eigenschaften des Antiochus mit denen des Tieres übereinstimmen. Zum Beispiel entweihte Antiochus in offensichtlicher Erfüllung einiger antichristlicher Prophezeiungen den Tempel, verbot das Judentum und verfolgte jeden Juden, der sich seiner Autorität widersetzte. Doch Antiochus erfüllte auch eine Reihe wichtiger antichristlicher Details nicht. So fiel Antiochus beispielsweise nicht von Nordwesten her in Judäa ein (Dan 8:9), er "verstand keine dunklen Sätze", d. h. er sprach nicht in Gleichnissen (Dan 8:23; *vgl.* Ps 78:2), er behauptete auch nicht, höher zu sein als der Fürst der Heerscharen, d. h. höher als Jesus (Dan 8:25), und auch die Abfolge der Ereignisse im zweiten Jahrhundert v. Chr. passt nicht zu den in Vers 8:14 erwähnten 2300 Tagen. Und Antiochus ist mit Sicherheit keine Figur der "letzten Zeit", wie es Vers 8:23 verlangt. Daher kann Antiochus nicht das "kleine Horn" von Daniel 8 sein.

Jesus selbst hat diese Realität erkannt und während der Ölbergrede (seiner langen Predigt über die Endzeit) dargelegt, als er den Jüngern sagte, daß der Eintritt des "kleinen Horns" in das Allerheiligste - in Erfüllung von Daniel 8:11 - noch in der *Zukunft* liegt:

> **Daniel 8:11** - Ja, er hat sich selbst bis zum Fürsten der Heerscharen verherrlicht, und durch ihn wurde das tägliche Opfer weggenommen und die Stätte des Heiligtums niedergerissen.
>
> **Matthäus 24:15-16** - Wenn ihr nun den Greuel der Verwüstung, von dem der Prophet Daniel geredet hat, an heiliger Stätte stehen seht (wer es liest, wird es verstehen), dann sollen die, die in Judäa sind, auf die Berge fliehen.

Aus Jesu Sicht war der Gräuel der Verwüstung noch nicht geschehen. Da Jesus diese Aussage etwa im Jahr 32 n. Chr. machte, kann ein Monarch, der vor diesem Jahr regierte, wie z. B. Antiochus (215-164 v. Chr.), nicht der von Daniel erwähnte "König mit dem grimmigen Antlitz" gewesen sein.

Doch trotz dieser klaren Lehre weigern sich viele IAT-Befürworter, sie zu akzeptieren. Stattdessen reagieren sie oft mit einer anderen falschen Vorstellung: Sie stellen fest, daß das "kleine Horn" in Vers 8 aus einem der vier griechischen Könige hervorgeht, die unmittelbar Alexander dem Großen folgten, was das "kleine Horn" (auch bekannt als der "König mit dem grimmigen Antlitz") in die Ära der seleukidischen Könige, etwa 150 Jahre vor Christus, einordnen würde:

> **Daniel 8:8-9** - Darum wurde der Ziegenbock sehr groß; und als er stark war, wurde das große Horn [Alexander] zerbrochen, und es stiegen **vier große Hörner** [vier griechische Könige] zu den vier Winden des Himmels auf. Und aus **einem von ihnen ging** ein **kleines Horn** hervor [vermutlich Antiochus]...

Nach Ansicht der meisten IAT-Befürworter beweist diese Aussage, daß es sich um Antiochus handelt, denn einer der "vier bemerkenswerten" Könige, die auf Alexander folgten, war ein Mann namens Seleukos (358-281 v. Chr.), und Antiochus stammte aus der Linie der Seleukiden.

Zum Leidwesen der IAT-Befürworter ist auch diese Analyse falsch, denn in den Versen 8 und 9 heißt es nicht, daß der Antichrist aus einem der "vier bemerkenswerten" hervorgehen wird, sondern aus einem der "vier Winde des Himmels":

> **Daniel 8:8-9** - Und der Ziegenbock wurde sehr groß; und als er stark war, wurde das große Horn zerbrochen, und es stiegen vier große Hörner in Richtung der **vier Winde des Himmels** auf. Und aus **einem von ihnen ging** ein **kleines Horn** hervor, das sehr groß wurde, gegen Süden und gegen Osten und gegen das angenehme Land.

Es könnte einen Moment dauern, bis man das verstanden hat, besonders für Menschen, deren Hauptsprache Englisch ist. Aber für diejenigen, die fließend Hebräisch sprechen, ist das *natürliche* Verständnis, daß das Kleine Horn von einem der "vier Winde des Himmels" kommt, nicht von einem der "vier bemerkenswerten". Das liegt daran, daß die hebräische Grammatik das Substantiv, das modifiziert wird (in diesem Fall "einer von ihnen"), mit seinem nächsten Antezedens (einem der "vier Winde des Himmels") verbindet.[30] In der Originalsprache bedeutet Daniel 8:8-9 also, daß das "kleine Horn" aus einem dunklen und fernen Land auftauchen wird, das Daniel zu diesem Zeitpunkt unbekannt war, metaphorisch gesehen aus einem der "vier Winde des Himmels".

Gerade *weil sich* diese Passage auf die geografische Herkunft des Antichristen bezieht - im Gegensatz zu seiner ethnischen Herkunft - klärt die Schrift sofort die Zweideutigkeit der Formulierung "einer der vier Winde des Himmels" auf, indem sie die genaue Richtung offenbart, aus der das Kleine Horn kommen wird: Vers 9 sagt, daß er von einem Ort *nordwestlich* von Israel kommen wird (er muss "nach

---

[30] Im Hebräischen beweisen die Regel des **"nächsten Antezedens"** sowie das spezifische **Geschlecht** und die **Anzahl der** relevanten hebräischen Wörter, daß dies die richtige Interpretation der Verse 8 und 9 ist. Für eine gute Analyse siehe: https://revelationbyjesuschrist.com/out-of-one-of-them/

Süden" und "nach Osten" reisen, um das "angenehme Land" zu erreichen. Im Gegensatz zu dieser Beschreibung lag die Hauptstadt von Antiochus, eine Stadt namens *Antiochia*, direkt *nördlich* von Israel, nicht nordwestlich.

Folglich ist die eigentliche Information, die Daniel 8 liefert: 1) Der Antichrist wird *nach* der Zeit der "vier Bemerkenswerten" auferstehen. 2) Er wird von einem Ort kommen, der Daniel zu diesem Zeitpunkt unbekannt war (von einem der "vier Winde des Himmels", genauer gesagt, von einem Ort *nordwestlich* von Kanaan). 3) Er wird in der "letzten Zeit" kommen, d. h. während der zukünftigen Tribulation. Alles andere ist Spekulation und anfällig für Irrtümer.

IAT-BEHAUPTUNG NR. 7 - Der Antichrist wird einer Religion angehören, die die Gottheit Christi leugnet, wie zum Beispiel die Religion des Islam.

UNTERSTÜTZEN: Die Ähnlichkeit zwischen der von Johannes in einem seiner Briefe beschriebenen "antichristlichen" Religion und der Religion des Islam ist unheimlich. In der Tat scheint es so, als ob der Islam und die von Johannes beschriebene Religion ein und dieselbe sind.

In 1. Johannes 2:22 sagt der Apostel zum Beispiel, daß die "antichristliche" Religion "leugnet, daß Jesus der Christus ist" (d. h. sie leugnet, daß Jesus der einzige Christus ist) und/oder "den Vater und den Sohn leugnet" (d. h. sie leugnet, daß Jesus der eingeborene Sohn Gottes ist und daher genauso göttlich ist wie der Vater). Eine solche Religion ist nach Johannes unbestreitbar "antichristlich".

Folglich könnte der Mann der Sünde ein Muslim sein, denn die Religion des Islam leugnet ausdrücklich, daß Jesus Gottes Sohn ist. Und sie leugnet, daß Jesus göttlich ist. Jesus mag ein "guter Mensch" und ein "Prophet" sein, aber er ist nicht Gott, der Allmächtige, so die Muslime.

WARUM DIESES ARGUMENT FALSCH IST: Wenn 1. Johannes 2:22 das einzige Kriterium für die Beurteilung des Antichristen wäre, dann, ja, könnte das Tier der Offenbarung ein Muslim sein. Es steht außer Frage, daß der Islam leugnet, daß Jesus der Sohn Gottes ist.

Aber nach demselben Kriterium könnte der Antichrist auch ein Jude, ein Sikh, ein Mormone, ein Deist, ein Atheist oder sogar ein Buddhist sein, denn *alle* diese Religionen leugnen ebenfalls die höchste Göttlichkeit Jesu. Sie alle leugnen, daß Jesus ein gleichberechtigtes Mitglied der dreieinigen Gottheit war und ist. Daher bringt dieses Argument wenig für die IAT-Theorie, außer daß es zeigt, daß die Theorie nicht im Widerspruch zu 1. Johannes 2:22 steht. Das ist kaum eine Tatsache, auf der man eine solide Hypothese aufbauen kann.

Ausgehend von der gut belegten Position des *römischen Antichristen* und der Definition des Johannes, was den antichristlichen Geist ausmacht, ist ein wahrscheinlicheres Szenario, daß das Tier ein römischer Katholik ist, der die "antichristlichen" Katechismen Roms vertritt und darauf besteht, daß neben Jesus auch andere Menschen die göttliche Natur besitzen oder sie schließlich erlangen können. Schließlich erklärt der Vatikan routinemäßig, daß bestimmte menschliche Wesen sowohl "heilig" als auch "göttlich" sind und daher die Gebete und die Anbetung der Menschheit verdient haben. (Und wenn die Verehrung eines Menschen nicht "antichristlich" ist, dann weiß ich nicht, was es ist).

Zu diesen katholischen "Übermenschen" gehören die Päpste, die Apostel, eine ständig wachsende Liste katholischer Heiliger und Maria, die Mutter Jesu.[31] In der Tat würde es nicht viel brauchen (besonders im gegenwärtigen geistigen Klima), daß somit ein "katholischer" Antichrist sich dieses Konzept anmaßt und erklärt, daß auch er göttlich ist, eine Aussage, der er dann eine Reise nach Jerusalem folgen lassen würde, wo er den neuen jüdischen Tempel betreten, sich auf einen Thron setzen und verkünden würde, daß er - nicht Jesus - der wahre Gott des Universums ist:

---

[31] Siehe *Katechismus der Katholischen Kirche, 2nd Ausgabe* (2000), Paragraphen 828, 957, 962, 966-969, 971, 986, etc.

2. Thessalonicher 2:3-4 - Lasst euch von niemandem verführen; denn jener Tag wird nicht kommen, es sei denn, daß zuvor ein Abfall geschieht und der Mensch der Sünde geoffenbart wird, der Sohn des Verderbens, der sich widersetzt und sich über alles erhebt, was Gott heißt oder angebetet wird, so daß **er sich als Gott in den Tempel Gottes setzt und sich ausgibt, er sei Gott.**

Daniel 11:31, 36 - Und die Waffen werden auf seiner Seite stehen, und sie werden das Heiligtum der Stärke [den Tempel] verunreinigen und das tägliche Opfer wegnehmen, und **sie werden den Greuel aufstellen, der verwüstet** [das Bild des Tieres]... Und der König wird tun, was er will, **und er wird sich selbst erhöhen und sich über alle Götter groß machen** und wird unerhörte Dinge gegen den Gott der Götter reden...

Meiner Meinung nach könnte ein römischer Antichrist diese Prophezeiungen leicht erfüllen. Aber kein "muslimischer Antichrist" würde auch nur daran denken, solche blasphemischen Taten zu begehen, denn jede dieser Taten wäre ein eklatanter Verstoß gegen eine der heiligsten Lehren des Islam, die *Schahada*, die besagt: "Es gibt keinen Gott außer Allah."

Andererseits hätte ein römischer Antichrist kein Problem damit, sich als göttlich auszugeben, denn römische Machthaber haben dies seit Jahrhunderten getan. Die Liste umfasst solche Größen wie Tiberius, Caligula, Nero, Domitian, Decius, Papst Bonifatius, Papst Leo VIII., Papst Johannes Paul II. und Papst Pius V. Alle diese Bewohner Roms behaupteten, dem Allmächtigen gleichgestellt zu sein oder seine einzigartigen Vorrechte zu besitzen. Sie alle behaupteten, entweder für Gott zu herrschen, für Gott zu sprechen oder tatsächlich Gott zu sein.[32]

Ausgehend von den Angaben in Daniel 11 und 2. Thessalonicher 2 könnte der Antichrist also ein Römer sein, nicht aber ein Muslim.

---

[32] Siehe z. B.: https://amazingdiscoveries.org/R-Pope_Rome_blasphemy_power_Jesus

IAT-BEHAUPTUNG NR. 8 - Der Antichrist wird aus Saudi-Arabien kommen, denn Saudi-Arabien ist eigentlich die "Hure Babylon", und das Tier "trägt" diese Hure.

UNTERSTÜTZEN: Saudi-Arabien ist das Zentrum des Islam, und das Land scheint mehrere Merkmale der in Offenbarung 17 erwähnten Hure Babylons zu erfüllen: Die Nation ist phänomenal reich (V. 4), ihre religiösen Führer hassen Christen und Juden (V. 6), und das Land ist die Heimat von Mekka, einer "großen Stadt", die als Mittelpunkt einer globalen, antichristlichen Religion dient (V. 18).

Zusammengenommen beweisen diese Details natürlich, daß Saudi-Arabien die Hure von Babylon ist. Und das bedeutet, daß der Antichrist ein Muslim sein muss, denn laut Vers 17:3 sind die Hure Babylon und das Tier eng miteinander verbunden - das eine sitzt auf dem anderen!

WARUM DIESES ARGUMENT FALSCH IST: Leider verlangt diese Auslegung (wie auch einige andere IAT-Auslegungen) von ihren Anhängern, daß sie die ausdrücklichen Lehren der Heiligen Schrift entweder ignorieren oder falsch auslegen.

In der Bibel ist ausdrücklich von der "Hure Babylon" die Rede:

- Sie ist eine Stadt - keine Nation (V. 16:19, 17:18, 18:10)

- Sie sitzt auf sieben Hügeln[33] (V. 17:9)

- Sie herrschte zur Zeit des Johannes über die Könige der Erde (V. 17:18)

- Sie diente als Hinrichtungsstätte für mindestens zwei Apostel (V. 18:20)

---

[33] Es steht außer Frage, daß "Hügel" und nicht "Berge" gemeint sind, denn eine Stadt kann auf sieben Hügeln liegen, nicht aber auf sieben Bergen. Das entsprechende griechische Wort *"ore"* kann je nach Kontext entweder "Hügel" oder "Berg" bedeuten (*vgl.* Mt. 5,14 und Lk. 4,29).

- Sie besitzt eine globale Macht in drei Schlüsselbereichen: Handel, Regierung und Religion (V. 16:19, und Kapitel 17 und 18)

Im Gegensatz zu diesen ausdrücklichen Lehren:

- Saudi-Arabien ist eine Nation, keine Stadt.

- Weder Saudi-Arabien noch seine religiöse Hauptstadt, Mekka, liegen auf sieben Hügeln. (Traditionell wurde Mekka nur mit fünf nahe gelegenen Hügeln in Verbindung gebracht - nicht mit sieben - und die Stadt "saß" nie auf einem von ihnen. Stattdessen lag sie in einem von ihnen eingeschlossenen Tal.)[34]

- Weder in Saudi-Arabien noch in Mekka herrschten die Könige der Erde zur Zeit des Johannes oder zu irgendeiner anderen Zeit.

- Kein Apostel wurde jemals in Mekka oder irgendwo anders auf der saudischen Halbinsel hingerichtet.[35]

- Und obwohl Saudi-Arabien und Mekka derzeit einen gewissen Einfluss auf den globalen Handel und die Religion des Islam ausüben, haben sie nicht die Macht einer globalen Regierung - und haben sie auch nie ausgeübt.

Folglich wird in Offenbarung 17 der Antichrist nicht mit dem Islam, Saudi-Arabien oder Mekka in Verbindung gebracht.

---

[34] Die fünf traditionellen Hügel von Mekka sind Ajyad, Abu Qubays, Quayqan, Hira und Thawr. Eine gute Internet Suche wird zeigen, daß das alte Mekka im Tal hinter diesen Gipfeln lag und nicht auf ihnen "saß". Siehe z.B. https://www.britannica.com/place/Mecca. Siehe auch: https://www.architecturelab.net/a-building-boom-in-mecca-sacred-center-has-created-a-dazzling-high-tech-21st-century-pilgrimage/

[35] Keine historischen Aufzeichnungen, Artefakte oder kirchlichen Traditionen belegen, daß sich einer der zwölf Apostel (oder der Apostel Paulus) zum Zeitpunkt ihres Todes auf der arabischen Halbinsel aufhielten.

IAT-BEHAUPTUNG NR. 9 - Nach Daniel wird das Reich, das den Antichristen hervorbringt, drei verschiedene Merkmale aufweisen:

- Es wird nach dem griechischen Kaiserreich kommen.
- Es wird seine Feinde in den Ruin treiben.
- Es wird die Territorien von Nebukadnezar, Darius und Alexander erobern.

Alle diese Merkmale treffen auf das islamische Kalifat zu; sie treffen nicht alle auf Rom zu.

UNTERSTÜTZUNG: Das erste Merkmal, das das Reich des Antichristen definiert, ist, daß es nach dem Reich Griechenlands kommen wird. Das wird in Daniel 7 deutlich gesagt:

> **Daniel 7:7** - Nach diesem [dem "Leoparden" von Griechenland] sah ich in den Nachtgesichten, und siehe, ein **viertes Tier**, furchtbar und schrecklich und sehr stark; und es hatte große eiserne Zähne.

Das islamische Reich, das 632 n. Chr. entstand, also etwa achthundert Jahre nach dem Zerfall des griechischen Reiches, erfüllt diese Anforderung eindeutig.

Zweitens wird vorausgesagt, daß das Reich, aus dem der Antichrist hervorgehen wird, alle seine Feinde erobern und dann deren Bevölkerung auslöschen wird, wenn sie sich weigern, sich unterwerfen zu lassen:

> **Daniel 2:40** - Und das vierte Königreich wird stark sein wie Eisen ... [und es wird] zerbrechen und zerschmettern.

> **Daniel 7:7** - [A]nd siehe, ein viertes Tier, furchtbar und schrecklich ... es fraß und zermalmte und zertrat den Rest mit seinen Füßen.

Diese Merkmale weisen unbestreitbar auf das islamische Kalifat hin (eigentlich eine Reihe von Kalifaten, die zwischen 632 und 1258 n. Chr. an der Macht waren). Wann immer das Kalifat einen Feind auf dem Schlachtfeld besiegte, löschte es alle Spuren der sozialen, religiösen und politischen Ordnung des Feindes aus und ersetzte sie durch die Scharia und den Islam. Von der früheren Identität des Feindes blieb nichts übrig.

Die Römer hingegen trieben ihre Eroberungen nie zu solchen Extremen. Stattdessen ließen sie im Allgemeinen die zivile und religiöse Infrastruktur ihrer Gegner intakt.

Nicht zuletzt weist Daniel 2:40 erneut auf das islamische Kalifat hin, indem er erklärt, daß das vierte Reich die Gebiete "aller anderen" Reiche erobern und absorbieren wird. Mit anderen Worten: Es wird sich die Gebiete, die einst von Babylon, Medo-Persien und Griechenland beherrscht wurden, einverleiben und übernehmen.

Das hat das islamische Kalifat getan, das seine Herrschaft rasch über die heutige Türkei, den Iran, den Irak und Saudi-Arabien ausdehnte. Doch abgesehen von der Westtürkei haben die Römer keines dieser Gebiete jemals unterworfen oder eingegliedert.

In Anbetracht all dieser Tatsachen muss das Vierte Reich Daniels das islamische Kalifat *der ersten Phase* gewesen sein, und der Antichrist, als Herrscher der *zweiten Phase*, muss ebenfalls islamisch sein.

WARUM DIESES ARGUMENT FALSCH IST: Zum Leidwesen der Befürworter der islamischen Antichristtheorie ist dieses Argument in allen drei Punkten völlig falsch:

1. Erstens war **Rom** das Imperium, das auf Griechenland folgte, nicht das islamische Kalifat. Allein diese Tatsache ist für die IAT verheerend, denn *jedes Reich soll seinen unmittelbaren Vorgänger ersetzen*. Es soll nicht erst fast tausend Jahre nach dem Ende des vorhergehenden Reiches entstehen, wie es von denjenigen behauptet wird, die behaupten, das islamische Kalifat sei auf das griechische Reich "gefolgt". In der Tat wird der ununterbrochene

Übergang von einem Reich zum nächsten durch die Tatsache signalisiert, daß *es keine vertikale Unterbrechung gibt* zwischen den Bestandteilen von Nebukadnezars Statue. Jeder der vier Teile - Kopf, Brust, Rumpf, Beine - geht nahtlos in den nächsten über, was auf eine ununterbrochene Abfolge auf der Zeitachse der Geschichte hinweist.[36]

2. Zweitens ist die Vorstellung falsch, daß der Islam das einzige Reich war, das andere Nationen in Stücke schlug und die Überreste zertrümmerte". Die Römer haben das auch getan.

Schauen wir uns das einmal an. Die Ausdrücke "zerschmettern und zermalmen" und "die Reste zertreten" bedeuten im Allgemeinen, die *militärischen Kräfte* des Feindes zu vernichten und kein Pardon zu geben. Doch selbst wenn wir diese Formulierung auf die Auslöschung einer ganzen Kultur, Religion oder Gesellschaft ausdehnen, scheint immer noch Rom im Blick zu sein und nicht das islamische Kalifat. Und warum? Weil es die Römer waren, die im Jahr 70 n. Chr. die wichtigste Nation in der Prophezeiung völlig "zermalmt", "zertreten" und "zerbrochen" haben: Israel.

Wie Studenten der Prophetie wissen, waren es die Römer - nicht die Muslime - die die Stadt Jerusalem zerstörten, den Tempel dem Erdboden gleichmachten und über eine Million Juden töteten. Es waren die Römer, die dann alle verbliebenen Überlebenden aus Judäa vertrieben und die tragische 1900-jährige Zerstreuung der

---

[36] Befürworter der IAT weisen schnell darauf hin, daß der reibungslose Übergang der Statue von einem Teil zum nächsten nicht unbedingt auf einen ununterbrochenen Fluss auf der Zeitachse der Geschichte hindeutet: Die Beine aus Eisen (Rom, Phase 1) gehen in die Füße aus Eisen und Lehm (Rom, Phase 2) über, und doch klafft zwischen beiden eine Lücke von 1500 Jahren in Echtzeit!
 Nun, das ist wahr. Aber die Beine und die Füße gehören zu *demselben Reich*. Sie repräsentieren die gleiche Einheit. Und das bedeutet, daß *es keine Lücke zwischen den Beinen und den Füßen geben sollte, unabhängig davon, wie viel Zeit zwischen ihnen vergeht.* Andernfalls würde die Reichszählung durcheinander geraten. Sie würde sich von den angegebenen "vier" (V. 2:40) zu "vier + eins" oder "drei + zwei" oder "fünf" usw. ändern.
 Darüber hinaus beweist das als *"Drei bevor dem Kreuz"* bekannte Prinzip, daß das letzte Reich nach Griechenland, aber vor der Kreuzigung im Jahr 32 n. Chr. entstehen musste, und Rom ist das einzige Reich, das dieses Kriterium erfüllt. (Siehe Anmerkung 22.)

Juden unter den Völkern verursachten. Und das Schlimmste ist, daß es die Römer waren, die den Sohn Gottes, den sie selbst für unschuldig erklärt hatten (Lukas 23:13-16), brutal geschlagen und gekreuzigt haben. Mit anderen Worten: Die Römer waren es, die den Erlöser "zermalmten", die wichtigste Stadt der Prophezeiung "in Stücke schlugen" und dann "den Rest" Israels mit ihren Füßen zertraten, genau wie Daniel es vorausgesagt hatte.

Das islamische Kalifat hingegen hat weder das jüdische Volk noch den Heiligen Tempel oder den Sohn Gottes zerstört - und hätte dies auch gar nicht tun können, *denn es kam fast sechshundert Jahre nachdem Judäa aufgehört hatte zu existieren!*

Außerdem gingen die Römer bei ihren Eroberungen im Allgemeinen nicht so weit, wie in Daniel 7:7 angedeutet (sie erlaubten ihren Feinden, in der Regel, ihre religiöse, politische und soziale Infrastruktur beizubehalten, so daß die Bevölkerung effizient besteuert werden konnte), aber sie hatten keine Skrupel, eine ganze Volksgruppe vom Erdboden zu tilgen, wenn es die Situation erforderte.

Im Jahr 146 v. Chr. zerstörten die Römer beispielsweise die Stadt Karthago vollständig und übernahmen die Kontrolle über das karthagische Reich.

Kurze Zeit später, im Jahr 71 v. Chr., dezimierten die Römer die Truppen von Spartacus (während des großen Sklavenaufstands) und kreuzigten anschließend etwa 6.000 Überlebende entlang der Via Appia. Von der Widerstandsbewegung blieb nichts übrig.

In der Tat scheint der Völkermord das Mittel der Wahl gewesen zu sein, wenn Rom mit einer lästigen Bevölkerung konfrontiert war. Nehmen wir zum Beispiel den Stamm der Sueben im Jahr 58 v. Chr. (35 000 Tote) oder die Stämme der Tencteri und Usipetes im Jahr 55 v. Chr. (150 000 Tote) oder Ilurgia, Spanien (ausgerottet), oder Numantia, Spanien (ausgerottet), oder den Stamm der Eburonen im Jahr 53 v. Chr. (ausgerottet), usw.

Daher ist das in Daniel 7 beschriebene Reich mit ziemlicher Sicherheit Rom und nicht das islamische Kalifat, vor allem, wenn man die Zerstörung von Gottes geliebtem Sohn, seinem Volk und seiner Stadt - den drei wichtigsten Einheiten in der gesamten Prophetie - in Betracht zieht.

3. Drittens und vielleicht am verheerendsten für die Islamische Antichrist-Theorie ist jeder Versuch, zu beweisen, daß der Islam das vierte Reich Daniels war, weil er die Gebiete von Babylon, Medo-Persien und Griechenland erobert hat, ein Schwindel. Es ist ein Scheinargument, denn die Bibel schreibt diese Tat weder dem vierten Reich Daniels noch irgendeinem anderen Reich zu.

Ich weiß, das mag wie eine kühne Behauptung klingen, besonders für diejenigen, die die IAT unterstützen. Aber die New King James Version von Daniel 2:40, auf die sich die IAT-Theoretiker berufen, *ist keine genaue Übersetzung des Textes.*

Insbesondere heißt es im hebräischen Original von Daniel 2:40 nicht, daß das Vierte Reich "**all die anderen** [d. h. alle anderen Reiche] zermalmen und zerschmettern wird", wie uns die IAT-Theoretiker glauben machen wollen. Stattdessen heißt es einfach, das Vierte Reich werde "zermalmen und zerschmettern". [37]

Dies ist von Bedeutung. Es ist sogar *verheerend* für die Islamische Antichrist-Theorie, denn die letzten drei Worte in diesem Satz - "**all die anderen**" - wurden von den NKJV-Redakteuren hinzugefügt. Sie kommen in den Originalmanuskripten nicht vor. Und das bedeutet, daß sich die IAT (teilweise) auf Wörter stützt, die gar nicht existieren!

Noch einmal: Der eigentliche Text von Daniel 2:40 sagt nicht, daß das vierte Reich die vorherigen drei erobern wird. Es heißt lediglich, daß das Vierte Reich "zermalmen und zerschmettern" wird. Richtig verstanden bedeutet dies einfach, daß das Vierte Reich alle seine

---

[37] Bibelversionen wie die KJV, YLT und KJ3 bleiben dem Originaltext von Daniel 2:40 treu. Die KJV zum Beispiel übersetzt den Vers korrekt mit: "Es [das endgültige Reich] soll zermalmen und zerschmetter". Punkt.

Feinde besiegen oder abwehren wird und selbst niemals zerschmettert werden wird. Genau wie Eisen - ein Metall, das in der Lage ist, alle anderen Substanzen und alle anderen Metalle zu zerbrechen oder abzustoßen - wird Daniels Viertes Reich alle seine Feinde zerbrechen oder abstoßen, unabhängig davon, woraus ein Feind "gemacht" ist. Das ist alles, was der Originaltext bedeutet. Es wird nicht gesagt (oder auch nur angedeutet), daß das Vierte Reich die Gebiete von Babylon, Medo-Persien und Griechenland erobern und absorbieren wird:

> **Daniel 2:40** (KJ3) - Und das vierte Königreich wird so stark sein wie Eisen. So wie Eisen alles zermalmt und zerschlägt [d.h. alle anderen Stoffe], und wie Eisen alles zerschmettert, so wird es auch jene alle [d.h. jede andere Art von Metall], zermalmen und zerschmettern.[38]

Dies ist eine perfekte Beschreibung Roms, des Reiches, das nie von einem Rivalen zerschlagen, unterworfen oder ersetzt wurde, ganz gleich, woraus ein Rivale bestand.

Folglich ist die Tatsache, daß der Islam die Gebiete Griechenlands, Medo-Persiens und Babylons unter seine Kontrolle gebracht hat, unerheblich. Sie hat absolut keinen Einfluss auf die Identität des Vierten Reiches. Stattdessen verweist der Text in Daniel 2:40 auf das Reich Cäsars. Als Reich aus unzerbrechlichem Eisen wurde der Zusammenbruch Roms *nicht* durch eine stärkere Armee verursacht, sondern durch den Zerfall von innen. Die Römer waren in der Tat so mächtig, daß kein Feind jemals ihr Reich zerschlug, sie versklavte oder sie als Herrscher über die Mittelmeerwelt ablöste. Stattdessen wurde jeder Möchtegern-Eroberer entweder vernichtet oder in Schach gehalten, genau wie es die Prophezeiung besagt.[39]

---

[38] Die parallele Konstruktion des ersten und des zweiten Satzes - "**wie Eisen alles zermalmt**" und "**wie das Eisen, das alles zertrümmert**" - erfordert, daß das Komma im zweiten Satz nach den Worten "**alles**" und nicht davor gesetzt wird. Die Beachtung dieser grundlegenden grammatikalischen Regel verhindert, daß die Formulierung etwas aussagt, was sie eigentlich nicht tut.

[39] Ich spreche hier über das Römische Reich von 27 v. Chr. bis 395 n. Chr. und das Weströmische Reich (d. h. die Hälfte, die ihr römisches Erbe beibehielt) von 395 bis 476 n. Chr..

Das islamische Kalifat hingegen erwies sich - im Widerspruch zu den obigen prophetischen Angaben - *nicht* als unzerstörbar gegen alle seine Feinde, sondern zerbrach 1258 n. Chr. nach einer überwältigenden Niederlage gegen die Mongolen in der berüchtigten Schlacht von Bagd. Auch das Osmanische Reich (ein weiterer Kandidat für das islamische Reich, das angeblich in der Endzeit wieder auferstehen und den Antichristen hervorbringen wird) erwies sich nicht als unzerstörbar gegen alle seine Feinde, sondern wurde von den Alliierten im Ersten Weltkrieg katastrophal zerstört.[40]

Daher ist die Vorstellung, daß der Islam das Vierte Reich ist, weil das Kalifat die geografischen Regionen von Babylon, Medo-Persien und Griechenland erobert hat, ein Schwindel. Dieser Akt wird nie als ein Element der Prophezeiung genannt. Sie kann daher

---

[Anmerkung: Obwohl einige Befürworter der IAT den Sieg der Parther über Crassus im Jahr 53 v. Chr. als Beweis dafür anführen, daß Rom nicht unbesiegbar war, widerlegt die vollständige Geschichte diese Behauptung. Erstens war Rom zu dieser Zeit noch kein Imperium. Zweitens hat Parthien in dieser Schlacht kein Gebiet von den Römern gewonnen. Drittens brach die Herrschaft Roms nicht infolge der Schlacht zusammen. Und viertens waren die Parther (um 20 v. Chr.) ausreichend von der römischen Macht überzeugt, um einen Nichtangriffspakt mit Kaiser Augustus zu schließen. Der Vertrag wurde (von vielen) als großer politischer Triumph betrachtet, und in den nächsten achtzig Jahren hielten sich die Parther aus den römischen Provinzen heraus. In Übereinstimmung mit Daniel 2 hat Parthien das Römische Reich also weder zerbrochen noch erobert, noch haben sie die Italiener als Herrscher der antiken Welt verdrängt. Stattdessen blieb Rom von seinen Feinden "unzerschmettert" und fuhr fort, seine Gegner in die Unterwerfung zu "stampfen".

Auch wenn es stimmt, daß die Schlacht von Ravenna (476 n. Chr.) das Römische Reich beendete, so war dieses Ereignis doch nicht die Ursache für den Untergang Roms - es war die Bestätigung für ihn. Mindestens ein Jahrhundert lang war Rom wie ein rostiges Stück Eisen zerfallen, dank seines eigenen moralischen Verfalls, seiner politischen Korruption, seiner administrativen Inkompetenz und seines militärischen Niedergangs. Odoakers Sieg über Romulus im Jahr 476 - ein zweitägiger Raubüberfall, der zu Ende war, bevor er überhaupt begonnen hatte - war daher nur die notarielle Beurkundung von Roms Todesurkunde. Bezeichnenderweise löste nach dieser Schlacht weder Odoakers Stamm, die Heruli, noch eine andere Gruppierung die Römer als neue und unangefochtene Herrscher über das ehemalige Reichsgebiet (d. h. Europa, die Mittelmeerküste und den Nahen Osten) ab.]

[40] So der Historiker Elie Kedourie: "Mit dem Waffenstillstand von Mudros, der am 30. Oktober 1918 unterzeichnet wurde, starb der kranke Mann Europas [das Osmanische Reich]... endgültig. Trotz seiner angeblichen Krankheit starb der kranke Mann jedoch nicht an einer Krankheit, sondern wurde in einem langen und erbitterten Krieg **gewaltsam zerstört...**" [Fettdruck hinzugefügt] Siehe https://www.jstor.org/stable/259848?seq=1 "The End of the Ottoman Empire," *Journal of Contemporary History*, vol. 3, no. 4, 1968, S. 19-28.

nicht als Argument für einen islamischen Antichristen herangezogen werden.

IAT-BEHAUPTUNG NR. 10 - Die Tatsache, daß alle vier Teile von Nebukadnezars Statue *gleichzeitig zusammenbrechen***, bedeutet, daß das babylonische, das medo-persische und das griechische Reich (die ersten drei Teile)** *ein Teil* **des Reiches des Antichristen (der vierte Teil)** *sein müssen.* **Und da die Menschen, die heute in diesen Gebieten leben, fast alle Muslime sind, ist es vernünftig anzunehmen, daß der Antichrist ebenfalls ein Muslim sein wird.**

<u>UNTERSTÜTZEN</u>: In Daniel, Kapitel 2, erfahren wir, daß alle vier Teile von Nebukadnezars Statue gleichzeitig einstürzen werden, wenn ihre Füße von dem "Felsen, der ohne Hände gehauen wurde", getroffen werden. In dieser Szene ist Jesus der "Fels", und die vier Teile des Standbildes sind: Babylon, Medo-Persien, Griechenland und das Reich des Antichristen. Das bedeutet natürlich, daß die ersten drei Teile untrennbar mit dem Reich des Tieres verbunden sind:

> **Daniel 2:34-35** - Du sahst, daß ein Stein [Jesus] ohne Hände herausgeschlagen wurde, der das Bild an seinen Füßen, die aus Eisen und Ton waren, zerschlug und zerbrach. **Da zerbrach das Eisen, der Ton, das Erz, das Silber und das Gold miteinander** und wurde wie die Spreu auf der Sommertenne; und der Wind trug sie fort...

Auch wenn es schwer zu erklären scheint, wie alle vier Reiche gleichzeitig zerstört werden können, wenn die ersten drei schon seit Tausenden von Jahren ausgestorben sind, gibt es eine logische Erklärung: Die Herrschaft des Antichristen wird dieselben Gebiete umfassen, die einst die Reiche von Babylon, Medo-Persien und Griechenland ausmachten. Und so bedeutet die Zerstörung des antichristlichen Reiches in Harmageddon auch die Zerstörung dieser anderen Reiche.

Da die Länder, die diese Gebiete jetzt besetzen, überwiegend muslimisch sind - Iran, Irak, Griechenland und die Türkei -, ist es offensichtlich, daß der Antichrist aus einem dieser Länder als Anhänger des Islam aufsteigen wird.

WARUM DIESES ARGUMENT FALSCH IST: Das Bild von Christus, der alle vier Reiche auf einmal zerstört, bedeutet ganz allgemein, daß die "Weltordnung", die seit den Tagen Nebukadnezars herrscht und von heidnischen Mächten beherrscht wird, von Jesus bei seiner Wiederkunft zerstört wird. An ihrer Stelle wird Jesus ein weltweites Reich des Friedens und der Gerechtigkeit errichten, unter der administrativen Führung Israels (Daniel 2:44).

Im engeren Sinne offenbart dieses Bild jedoch, daß Jesus die Nachkommen Griechenlands, Medo-Persiens und Babylons zur besonderen Bestrafung in Harmageddon ins Visier nehmen wird. Christus wird die Nachkommen Babylons, Medo-Persiens und Griechenlands dezimieren, nicht nur als Bezahlung für das, was ihre Vorfahren den Juden angetan haben [41], sondern auch dafür, wie sie selbst das Volk Gottes behandelt haben, insbesondere in den letzten siebzig Jahren.

Allerdings - und das ist der springende Punkt - deutet nichts an diesen Bildern darauf hin, daß diese Nationen oder Gebiete in irgendeiner Weise Teil des Reiches des Antichristen sind. Nichts an Nebukadnezars Statue, ihren einzelnen Bestandteilen oder ihrer plötzlichen Zerstörung lässt den Schluss zu, daß die Menschen, die jetzt die Gebiete des alten Babylon, Medo-Persien und Griechenland besetzen, sich mit der endgültigen Konföderation des Antichristen vereinigen werden.

---

[41] Offensichtlich werden Babylon, Medo-Persien und Griechenland als unterschiedliche Einheiten erhalten, damit sie in Harmageddon richtig identifiziert und beurteilt werden können. Dies wird in Daniel 2 durch die Tatsache bestätigt, daß die Metallteile von Nebukadnezars Statue erhalten bleiben, bis Jesus (der "Fels") kommt und sie zerstört. Daniel 7 bestätigt dies erneut, indem es heißt: "Was die übrigen Tiere [Babylon, Medo-Persien und Griechenland] betrifft, so wurde ihnen die Herrschaft genommen; aber **ihr Leben wurde verlängert** für eine Zeit und einen Zeitraum." Mit anderen Worten: Die Herrlichkeit und Macht dieser Reiche wurde 539, 331 bzw. 146 v. Chr. beseitigt. Doch ihre einzigartigen Völker, ihre Kultur und ihre Grenzen blieben (im Wesentlichen) von damals bis heute unversehrt, so daß Christus sie in Harmageddon für die schreckliche Art und Weise, wie sie Israel behandelt haben, sowohl als alte Reiche als auch als moderne Staaten, identifizieren und rächen kann.

Hier ist der Grund dafür...

Erstens heißt es im Buch Daniel **nie**, daß Babylon, Medo-Persien und Griechenland zum inneren Kreis des Antichristen gehören werden. Es gibt keine Worte in diesem Sinne: *Die ersten drei Reiche werden ein Teil des vierten sein.* Eine solche Schlussfolgerung muss daher durch Inferenz gezogen werden. Sie wird weder in Daniel 2 noch an anderer Stelle ausdrücklich erwähnt.

Zweitens: **Keines der Metalle**, die in der Statue verwendet wurden, um Babylon, Medo-Persien oder Griechenland darzustellen, kommt in den Beinen oder Füßen der Statue vor. Mit anderen Worten, es gibt kein Gold, Silber oder Bronze in dem Teil der Statue, der das "vereinigte" Reich des Antichristen darstellen soll. Stattdessen sind die Beine aus reinem Eisen, während die Füße aus Eisen und Ton bestehen.

Drittens wissen wir aus Offenbarung 16:14, daß **alle Nationen der Welt** in Harmageddon vertreten sein werden - einschließlich der modernen Staaten Irak, Iran, Türkei und Griechenland - und das bedeutet, daß alle von ihnen im selben Augenblick vom Herrn zerbrochen werden, *unabhängig davon, ob sie zum inneren Kreis des Antichristen gehören oder nicht.*

Viertens bedeutet die Tatsache, daß das Tier aus Offenbarung 13 aus dem Maul eines Löwen, den Füßen eines Bären und dem Körper eines Leoparden besteht, **nicht, daß das** Reich des Antichristen aus den *Gebieten* bestehen wird, die einst von Nebukadnezar, Kyrus und Alexander gehalten wurden. Es bedeutet lediglich, daß der Antichrist *selbst* **kühner, stärker und klüger** sein wird als Cyrus, Alexander und Nebukadnezar zusammen. (Siehe IAT-Behauptung Nr. 5.)

Schließlich ist mindestens eine der in der Statue dargestellten Nationen - Griechenland - **heute nicht muslimisch**. Es ist zu 97 % griechisch-orthodox. In der Tat sind weniger als 2 % der Bevölkerung Muslime. Selbst wenn das Reich des Antichristen eine Verschmelzung der drei vorhergehenden wäre, gibt es in dieser Region zu viele Nicht-Muslime, um zu garantieren, daß der

Antichrist selbst ein Anhänger des Islam sein würde.

Fazit: Die plötzliche Zerstörung aller vier Teile von Nebukadnezars Statue in Harmageddon beweist nicht, daß der Irak, der Iran, die Türkei oder Griechenland zum inneren Kreis des Antichristen *gehören müssen*, oder daß der Antichrist ein Muslim *sein muss*, oder daß er aus der Türkei, Griechenland, dem Irak oder dem Iran *kommen muss*.[42] Es bedeutet lediglich, daß Jesus nicht vergessen wird, was ihre Vorfahren seinem Volk angetan haben. Und er wird auch nicht vergessen, was sie in den letzten 70 Jahren getan haben. Alle Nationen - und insbesondere die Überreste von Babylon, Medo-Persien und Griechenland - werden gerichtet und bestraft werden, wenn Jesu Wiederkunft geschieht.

IAT-BEHAUPTUNG NR. 11 - Die auffallenden Ähnlichkeiten zwischen der islamischen Prophezeiung und der Bibel legen nahe, daß der Antichrist ein Muslim sein wird.

<u>UNTERSTÜTZEN</u>: Die Ähnlichkeit zwischen den Endzeitprophezeiungen der Heiligen Schrift und denen des Islam ist geradezu unheimlich. Zum Beispiel wird der Mahdi nach Ansicht der Muslime wie der Antichrist:

- Auf einem weißen Pferd ankommen
- Einen siebenjährigen Friedensvertrag vermitteln
- Über weltweite politische Macht verfügen
- Eine unaufhaltsame Militärmacht kommandieren
- Verlangen, daß jeder seiner Religion beitritt oder enthauptet wird

---

[42] Gelehrte haben bestätigt, daß der Irak, der Iran und Griechenland von den Völkern Babylons, Medo-Persiens bzw. des antiken Griechenlands abstammen. Siehe z. B. die Wikipedia-Artikel unter: "Iranische Völker", "Iraker" und "Griechen".

- Einen besonderen Hass auf Christen und Juden hegen
- Versuchen Jerusalem einzunehmen
- Versuchen die gesellschaftliche Normen und die Ordnung der Nationen zu ändern ("Zeiten und Gesetze")

Diese Merkmale - die nahezu identisch sind mit denen, die dem biblischen Mann der Sünde zugeschrieben werden - beweisen eindeutig, daß der Mahdi des Islam und der Antichrist der Bibel ein und derselbe sind. Der Antichrist muss also ein Muslim sein.

WARUM DIESES ARGUMENT FALSCH IST: Diese Vorstellung ist in mehrfacher Hinsicht falsch. Erstens steht fest, daß die islamische Eschatologie weitgehend aus den Prophezeiungen des Alten Testaments und der Apokalypse abgeleitet ist.[43] Dies erklärt nicht nur die Ähnlichkeiten zwischen der islamischen Prophetie und der biblischen, sondern entkräftet auch die islamische Eschatologie von vornherein. Die islamische Eschatologie ist keine neue und maßgebliche Offenbarung. Sie ist lediglich eine verfälschte Version der Vorhersagen des Alten und Neuen Testaments.

Zweitens beweisen bloße Ähnlichkeiten zwischen dem Endzeitsszenario der Bibel und dem des Islam nichts anderes, als daß sie ähnlich sind. Mit anderen Worten, die Schlussfolgerung, daß der Antichrist ein Moslem sein wird, allein aufgrund der Tatsache, daß sich die Berichte der Bibel und des Islam ähneln, ist ein unmöglicher Gedankensprung. Sie ähneln sich, ja, aber nur, weil die Details des einen vom anderen bestätigt wurden, nicht weil sie "getrennte, aber komplementäre" Offenbarungen aus derselben göttlichen Quelle sind. In Wahrheit sind die Endzeitprophezeiungen des Islam für unsere Diskussion nicht relevanter als die von Nostradamus oder Jeanne Dixon (außer in dem Maße, in dem sie uns sagen, was Muslime erwarten).

Wie Joel Richardson gesagt hat:

---

[43] Siehe z. B.: *Die letzte Trompete* (2005) von Dr. Samuel Shahid.

Und ich würde die islamische Prophezeiung niemals so betrachten, als ob sie tatsächlich prophetisch wäre... Ich betrachte sie nicht als eine Quelle der Wahrheit.[44]

Nur die Bibel enthält genaue Informationen über die Prophezeiungen der Endzeit (Jesaja 46:9-10). Sie ist daher die einzige Quelle, um die Wahrheit über zukünftige Ereignisse und Persönlichkeiten zu erfahren. Unser Verständnis des Antichristen und der Apokalypse darf nicht durch islamisches Denken gefärbt oder geprägt sein, sondern muss sich streng an den Informationen orientieren, die in den sechsundsechzig kanonischen Büchern des Wortes Gottes enthalten sind.[45]

Die so genannten Ähnlichkeiten zwischen dem Mahdi des Islam und dem biblischen Antichristen sind also kein Beweis dafür, daß der Antichrist ein Muslim sein wird.

IAT-BEHAUPTUNG NR. 12 - In der Bibel wird der Antichrist wiederholt mit Titeln wie "der Assyrer" und "der König von Babylon" bezeichnet. Er muss also ein Araber aus Syrien oder dem Irak sein.

UNTERSTÜTZUNG: Die Tatsache, daß die Bibel in Jesaja 10:5 und 14:25 von einem endzeitlichen Kriegstreiber namens *Assyrer* und in Jesaja 14:4 und 22 vom *König von Babylon* spricht, deutet darauf hin, daß der Antichrist entweder aus Assyrien oder Babylon kommen wird. Auf einer modernen Landkarte entsprechen diese Gebiete dem heutigen Syrien, der Türkei, dem Irak und dem Iran.

---

[44] https://joelstrumpet.com/?p=5731

[45] Auch andere Argumente der *falschen Gleichwertigkeit* sollten vermieden werden. Dazu gehören so zweifelhafte Vorstellungen wie die Idee, daß das "Grüne Pferd" in Offenbarung 6 die "grüne Flagge" des Islam signalisiert; oder die Vorstellung, daß die Enthauptungen in Offenbarung 6 mit der muslimischen Praxis der Enthauptung der Feinde zusammenhängen, und so weiter. Diese und ähnliche Argumente sind rein spekulativ und stellen eine Zeitungsexegese, eine Übervereinfachung oder eine falsche Gleichsetzung dar.

In der Tat scheinen Propheten wie Micha diese Interpretation zu bestätigen:

> **Micha 5:5-6** - Und dieser Mann [der Messias] wird der Friede sein, wenn der **Assyrer** [vermutlich der Antichrist] in unser Land kommt [während der Tribulation]; und wenn er unsere Paläste zertreten wird, dann werden wir gegen ihn sieben Hirten und acht Hauptleute aufstellen. Und sie werden das Land Assyrien mit dem Schwert verwüsten... so wird er [der Messias] uns von dem **Assyrer** erlösen, wenn er in unser Land kommt...

WARUM DIESES ARGUMENT FALSCH IST: Mehrere Fakten lassen daran zweifeln, daß diese Verse besagen, daß der Antichrist entweder assyrisch oder babylonisch ist.

Erstens: Da Babylonien und Assyrien zwei getrennte Königreiche waren, mit zwei verschiedenen Heimatländern, zwei verschiedenen Hauptstädten, zwei verschiedenen Sprachen (Dialekten), zwei verschiedenen Kulturen, zwei verschiedenen Ethnien und zwei verschiedenen Dynastien, ist es unmöglich, daß sich beide Titel (*der Assyrer* und der *König von Babylon*) auf die Abstammung oder den Herkunftsort des Antichristen beziehen könnten. Wenn dies der Fall wäre, bestünde ein erheblicher Widerspruch, da dies voraussetzen würde, daß der Antichrist sowohl in Syrien als auch im Irak (den modernen geografischen Äquivalenten von Assyrien und Babylon) geboren wäre, was natürlich nicht möglich ist.

Zweitens wird in keiner der Passagen, die üblicherweise zur Unterstützung der *Theorie des assyrischen Antichristen* oder des *babylonischen Antichristen* angeführt werden, ausdrücklich gesagt, daß es sich um den Antichristen handelt. Folglich steht die Identität der zentralen Figur in diesen Abschnitten zur Debatte. Zum Beispiel:

> **Jesaja 10:5-6** - **Assyrer**, die Rute meines Zorns, und der Stab in ihrer Hand ist mein Zorn. Ich sende ihn gegen ein heuchlerisches Volk [Israel], und gegen das Volk meines Zorns gebe ich ihm den Auftrag, Raub und Beute zu machen und sie zu zertreten wie den Schlamm auf den Straßen.

Spricht der Prophet über die Endzeit, oder warnt er einfach die Menschen seiner Zeit, daß Gott den König von Assyrien einsetzen wird, um Israel für seine Übertretungen zu bestrafen? Das ist schwer zu sagen. Nach Ansicht vieler Ausleger hat sich die Strafe, die Jesaja in den obigen Versen vorhersagt, durch Schalmaneser im Jahr 722 v. Chr. erfüllt, und ob es eine zweite Erfüllung durch den Antichristen geben wird, ist alles andere als sicher.

* * * *

Micha 5:5-6 - Und dieser Mann [der Messias] wird der Friede sein, wenn der **Assyrer** in unser Land kommt; und wenn er unsere Paläste zertreten wird, dann werden wir gegen ihn [den Assyrer] sieben Hirten und acht Hauptleute erheben. Und sie werden das Land Assyrien mit dem Schwert verwüsten und das Land Nimrods an seinen Eingängen. So wird er [der Messias] uns von dem **Assyrer** erretten, wenn er in unser Land kommt und unsere Grenzen zertritt.

In diesem Fall scheint der Prophet eindeutig von der Endzeit zu sprechen. Wir können diese Einschätzung vornehmen, weil Israel Assyrien nie auf die beschriebene Weise besiegt hat. Diese Eroberung liegt noch in der Zukunft. Aber prophezeit Micha über den Antichristen oder einen der zum Tode verurteilten arabischen Führern, die in der Schlacht von Harmageddon gegen Israel antreten werden? Könnte der Prophet einfach einen Mann wie Bashar Al-Assad, den derzeitigen Führer Syriens, meinen und nicht den Antichristen? Es scheint keine endgültige Antwort zu geben.

* * * *

Jesaja 14:3-7, 20-23 - An dem Tag, an dem der Herr dich [Israel] von deinem Kummer erlösen wird, ... wirst du dieses Spottlied gegen den **König von Babel anstimmen** und sagen: 'Wie hat der Unterdrücker ein Ende genommen, wie hat die Erpressung aufgehört! Der Herr hat den Stab der Bösen zerbrochen, das Zepter der Herrscher; er, der die Völker im Zorn schlug, der die Nationen im Zorn regierte, wird verfolgt und niemand hindert ihn. Die ganze Erde ist ruhig und still...' 'Die, die dich sehen, werden dich genau anschauen und dich betrachten und sagen: Ist das der Mann, der die Erde erzittern ließ, der die Königreiche erschütterte, der den Erdkreis zur Wüste machte und seine Städte zerstörte, der das Haus seiner Gefangenen nicht auftat?' ...Denn ich will mich gegen sie erheben, spricht der Herr der Heerscharen, 'und aus **Babel** den Namen und den Überrest und die Nachkommenschaft ausrotten', spricht der Herr. Und ich will es zum Besitz des Stachelschweins machen und zu einem Sumpf mit schlammigem Wasser; ich will es mit dem Besen des Verderbens ausfegen, spricht der Herr der Heerscharen.

Der König von Babylon in diesem Abschnitt ist mit ziemlicher Sicherheit der Antichrist. Dafür spricht unter anderem die Tatsache, daß kein König jemals "den Erdkreis zur Wüste gemacht und seine Städte zerstört hat", daß das alte Babylon niemals "mit dem Besen des Verderbens ausgekehrt" wurde und daß die "ganze Erde" niemals "zur Ruhe gekommen" ist.

Aber spricht der Prophet von dem *buchstäblichen* Babylon, oder benutzt er ein Codewort für *eine andere* Metropole, deren Sünde und Götzendienst dem der alten Hauptstadt in nichts nachstehen, *die aber völlig außerhalb Arabiens liegt?*

Vergessen wir nicht, daß auch der Apostel Johannes von einem endzeitlichen "Babylon" sprach. Und es scheint, daß sowohl er als auch Jesaja über dieselbe Stadt sprechen. Aber Johannes war anschaulicher als Jesaja und offenbarte, daß dieses endzeitliche "Babylon" im Jahr 95 n. Chr. das Zentrum der militärischen, kommerziellen und geistlichen Macht war:

> **Offenbarung 17:18** - Und das Weib [Mysterium Babylon], das du gesehen hast, **ist** die große Stadt, die über die Könige der Erde **herrscht**. [Beachte das Präsens dieses Verses.]

Meiner Meinung nach ist die einzige Stadt, auf die diese Beschreibung passt, Rom. Man mag dieser Einschätzung widersprechen und eine andere Stadt vorschlagen, aber selbst dann könnte man nicht das *buchstäbliche* Babylon als möglichen Kandidaten vorschlagen, denn zur Zeit des Johannes war das *buchstäbliche* Babylon nichts weiter als ein unbedeutender Außenposten inmitten einer Wüste. Es war ein Schatten seines früheren Selbst. Im Jahr 95 n. Chr. war es nicht das Zentrum der militärischen, kommerziellen oder geistlichen Macht, wie Johannes in seiner Prophezeiung beschreibt.

Folglich kann die Jesaja-Stelle über den "König von Babylon" nicht bedeuten, daß der Antichrist aus dem *buchstäblichen* Babylon kommen wird. Und das bedeutet, daß der Text nicht verwendet werden kann, um zu beweisen, daß der Antichrist aus einem wiederaufgebauten Babylon im modernen Irak oder aus einem anderen Teil Arabiens kommen wird.[46]

* * * *

Hesekiel 28:1-5 - Das Wort des Herrn kam wieder zu mir und sprach: Menschensohn, sprich zum **Fürsten von Tyrus**: So spricht Gott der Herr: Weil dein Herz hoch erhoben ist und du gesagt hast: Ich bin ein Gott, ich sitze auf dem Stuhl Gottes mitten im Meer; so bist du doch nur ein Mensch und nicht Gott, und weil du dein Herz dem Herzen Gottes gleichgesetzt hast ..."

Wenn Hesekiel in den obigen Versen über den Antichristen spricht - und das scheint der Fall zu sein, denn der Antichrist ist der einzige Mensch, der jemals die Kühnheit haben wird, "auf dem Sitz Gottes zu sitzen" -, dann wird die Vorstellung von einem *islamischen* Antichristen noch verworrener, vor allem, wenn diese Titel als geografische Markierungen verstanden werden: Kommt der Antichrist nun aus Assyrien, Babylon... oder vielleicht aus Tyrus?

---

[46] Meiner Ansicht nach beweist die Heilige Schrift eindeutig, daß der Antichrist ein Römer ist. Bitte lesen Sie *Empire of the Antichrist* und *The Antichrist* (Positron Books).

* * * *

Kurz gesagt, wenn es um die Texte geht, die angeblich beweisen, daß der Antichrist der König von Assyrien, Babylon oder einer anderen Nation des Nahen Ostens ist, macht keine dieser Passagen ausdrücklich eine solche Aussage, viele dieser Verse scheinen sich zu widersprechen (wenn wir davon ausgehen, daß sie über den Geburtsort des Antichristen sprechen), und es ist nicht immer klar, welche über die letzten Tage sprechen und welche über Ereignisse, die bereits stattgefunden haben. Aus diesen Gründen ist es unvernünftig, aus den obigen Prophezeiungen zu schließen, daß der Antichrist ethnisch assyrisch, babylonisch oder anderweitig "arabisch" ist.

Die Mehrdeutigkeit dieser Schriften erklärt in der Tat, warum es unter den Befürwortern der IAT keinen Konsens über den tatsächlichen Herkunftsort des Antichristen gibt. Einige sagen, es sei die Türkei, andere sagen Syrien, wieder andere sagen Irak, einige wenige glauben Persien (Iran), eine Handvoll sagen Griechenland oder Jordanien, und wieder andere behaupten Libanon oder Saudi-Arabien. Keiner ist sich sicher. Und nur wenige IAT-Exponenten sind bereit, zu dieser Frage Stellung zu nehmen. (Und wir haben noch nicht einmal die Theorie angesprochen, daß der Antichrist aufgrund der Prophezeiung Hesekiel's über einen Monarchen namens "Gog" ein Russe ist).

In Wahrheit sind diese Texte so unschlüssig, daß einige Gelehrte die Theorie aufstellen, die Titel *Assyrer* und *König von Babylon* könnten sich sogar auf den Papst oder Satan beziehen!

Meiner Meinung nach ist das ziemlich weit hergeholt. Aber der Punkt ist, daß alle diese Passagen so nebulös sind, daß nicht einmal die klügsten Ausleger sicher sind, wer *der Assyrer* und der *König von Babylon* sein könnten, wenn wir annehmen, daß diese Titel die Nationalität des Antichristen oder seinen geografischen Herkunftsort bezeichnen sollen.

Aus meiner Sicht ist es daher richtig, die vorangegangenen Titel in Bezug auf den Antichristen (König von Babylon, König von

Assyrien, Fürst von Tyrus usw.) nicht als Indikatoren für die Blutlinie oder die Staatsangehörigkeit des Antichristen zu betrachten, sondern als *historische Archetypen*, von denen jeder einen gewissen Einblick in die blutrünstige Persönlichkeit des Antichristen und seine antisemitischen Ziele bietet - nicht seine ethnische oder nationale Herkunft.[47]

IAT-BEHAUPTUNG NR. 13 - Obwohl Muslime niemals einem Mann folgen werden, der behauptet, Gott zu sein, oder verlangt, angebetet zu werden, könnten Muslime einen islamischen Antichristen unterstützen, weil er nicht wirklich behaupten wird, "Gott" zu sein, noch wird er von einem Muslim verlangen, ihn tatsächlich "anzubeten".

<u>UNTERSTÜTZEN</u>: Aus den Schriften des Islam geht klar hervor, daß die muslimische Gemeinschaft niemals einen Mann annehmen wird, der behauptet, Gott zu sein. Obwohl in 2. Thessalonicher 2:4 gesagt wird, daß der Antichrist den Tempel in Jerusalem betreten und einige ziemlich ungeheuerliche Behauptungen aufstellen wird, werden diese Behauptungen daher nicht auf eine Erklärung der Göttlichkeit hinauslaufen.

In der Tat wird der Antichrist nicht behaupten, Gott oder gar *ein* Gott zu sein. Stattdessen wird er einfach erklären, daß er über *Jehova steht*, d. h. über dem Gott der Juden. Das ist etwas, womit die meisten Muslime leben können und es vielleicht sogar begrüßen.

Außerdem bedeutet die Formulierung "und sie beteten das Tier an" in Offenbarung 13 nicht, daß die Muslime den Antichristen tatsächlich anbeten werden. Es bedeutet lediglich, daß die Muslime ihm ihre größte Bewunderung und ihren größten Respekt entgegenbringen werden. Mit anderen Worten: Das Wort "Anbetung" bedeutet in diesem Fall nicht die Art von Anbetung, die

---

[47] Ich glaube jedoch, daß der Name "Gog" auf die patriarchalische Abstammung des Antichristen hinweist (Genesis 10). In meinem demnächst erscheinenden Buch "*Gog of Magog*" *finden Sie* eine ausführliche Erklärung.

ausschließlich Gott vorbehalten ist. Stattdessen impliziert es lediglich ein hohes Maß an Wertschätzung, Verehrung oder Gehorsam. Der Antichrist könnte also ein Muslim sein, denn er wird nicht behaupten, Gott zu sein, und auch nicht verlangen, daß die Menschen im Islam ihn anbeten.

WARUM DIESES ARGUMENT FALSCH IST: Dieses Argument besteht aus zwei Teilen, die beide unwiederbringlich fehlerhaft sind. Beginnen wir mit der Behauptung, daß Muslime die Bestie nicht anbeten werden:

1. Nach dem Apostel Johannes werden *alle* Menschen auf der Erde sowohl Luzifer (den Drachen) als auch den Antichristen (das Tier) anbeten, sobald der Mensch der Sünde die Weltbühne betritt - auch die Muslime. Die entsprechenden Verse in der Apokalypse könnten kaum deutlicher sein:

    Offenbarung 13:4 - Und sie **beteten** den Drachen **an**, der dem Tier die Macht gegeben hatte; und sie **beteten** das Tier **an** und sagten: Wer ist dem Tier gleich, wer kann mit ihm Krieg führen?

    Offenbarung 13:8 - Und **alle, die** auf der Erde **wohnen, werden** ihn [den Antichristen] **anbeten**, deren Namen nicht geschrieben stehen in dem Lebensbuch des Lammes, das geschlachtet worden ist, vom Anfang der Welt an.

Die eindeutige Lehre dieser Verse ist, daß alle, die "auf der Erde wohnen" - d. h. jeder Mensch, der kein Nachfolger Christi ist - irgendwann während der Tribulation freiwillig den Teufel und den Antichristen anbeten werden. Und das schließt notwendigerweise Muslime ein, denn es werden keine Ausnahmen genannt.

Natürlich erscheint die Vorhersage des Johannes wie ein Paradoxon: Wie können Menschen mit so vielen verschiedenen Hintergründen - darunter Juden, Buddhisten, Katholiken, Hindus, Atheisten und *vor allem* Muslime - plötzlich anfangen, das Tier und den Drachen anzubeten?

Die Lösung besteht nach Ansicht der Befürworter des IAT darin, zu erkennen, daß sich das Wort "Anbetung" in der obigen Passage nicht auf die Art der Anbetung bezieht, die einer Gottheit vorbehalten ist. Stattdessen bezieht es sich auf die Art von Ehre und Ehrerbietung, die man einer hoch angesehenen Person wie einem Präsidenten oder einem religiösen Führer zeigt:

> Das Wort, das hier für "Anbetung" verwendet wird, ist das griechische *proskyneō* ... Während *proskyneō* sich meistens auf "Anbetung" bezieht, wie zu Gott oder zu einem Gott, **bedeutet es nicht ausschließlich dies**. Das *Theological Dictionary of the New Testament* definiert das jüdische Verständnis von *proskyneō* als: "die Bezeichnung für verschiedene Wörter, die 'sich verbeugen', 'küssen', 'dienen' und 'anbeten' bedeuten. ...Die meisten Beispiele beziehen sich auf die Verehrung des Gottes Israels oder falscher Götter. [Es kann sich aber auch auf Engel, auf Gerechte, auf Herrscher und auf Propheten beziehen..."[48] [Fettdruck hinzugefügt].

Das mag wie eine vernünftige Erklärung klingen. Aber sie lässt eine entscheidende Wahrheit außer Acht: Johannes hätte niemals die Tatsache hervorgehoben, daß die Menschen überall diese beiden bösen Personen "anbeten" werden, *wenn* diese Anbetung *nicht* etwas außerordentlich Böses darstellen würde, d. h. etwas, das in den Augen des Herrn eine große Übertretung darstellt. Beachten Sie, daß Johannes diese Anbetung nicht nur einmal, sondern dreimal hervorhebt und sie ausschließlich mit unerlösten Menschen in Verbindung bringt, d. h. mit "denen, die auf der Erde wohnen", einem speziellen Ausdruck, der sich immer auf Menschen bezieht, die Christus als Gott und Erlöser abgelehnt haben.

Die eigentliche Frage ist also nicht, ob die "Anbetung" der Bewohner der Erde tatsächlich Anbetung darstellt - sie tut es -, sondern wie Menschen mit so vielen unterschiedlichen Hintergründen, darunter Heiden, Juden, Buddhisten, Hindus,

---

[48] Joel Richardson, *Mideast Beast* (Wash., D.C.: WND Books, 2012), S. 134-135.

nominelle Christen, Katholiken, Atheisten *und vor allem* Muslime, plötzlich anfangen könnten, das Tier und den Drachen anzubeten.

Meiner Meinung nach liegt die richtige Antwort, im Gegensatz zu der von den Befürwortern der IAT, nicht in einer speziellen Definition des Wortes "Anbetung", sondern in der Erkenntnis, daß dieser besondere Akt der Anbetung in Offenbarung 13 aus der Sicht Gottes und nicht aus der Sicht des Menschen beurteilt wird. Mit anderen Worten: Muslime und andere Menschen, die "auf der Erde wohnen", mögen ihre Anbetung des Antichristen nicht als Götzendienst oder "Anbetung" betrachten, aber Gott wird es auf jeden Fall.[49]

Wenn Johannes also sagt, daß die Menschen überall das Tier und den Drachen anbeten werden, dann meint er genau das. Die gesamte Menschheit - einschließlich der Muslime - wird wirklich und wahrhaftig das Tier und seinen Vater, den Teufel, anbeten. Und sie werden dies tun, indem sie einen einfachen Satz aussprechen: "Wer ist wie das Tier? Wer ist fähig, mit ihm Krieg zu führen?" Das ist die Anbetung, von der Johannes spricht:

> **Offenbarung 13:4** - Und sie **beteten** den Drachen **an**, der dem Tier die Macht gegeben hatte; und sie **beteten** das Tier **an** und **sagten**: Wer ist dem Tier gleich, wer kann mit ihm Krieg führen?

Alle, die diesen Satz wiederholen, verstoßen gegen das Zweite Gebot und beten tatsächlich den Antichristen an. Der Haken an der Sache ist, daß die meisten Menschen, einschließlich derer in der muslimischen Gemeinschaft, diese Äußerung nicht als Verletzung von Gottes Gesetz

---

[49] Erinnern Sie sich daran, daß Jesus sagte, daß die Art und Weise, wie *wir* unsere Sünden sehen, nicht immer die ist, wie *Gott* sie sieht. Wir Menschen neigen dazu, unsere Übertretungen viel leichter zu sehen (oder gar nicht zu sehen). Wir denken nicht, daß es Götzendienst ist, Reichtum über Gott zu stellen. Wir sehen Hass nicht als Mord oder Lust nicht als Ehebruch an. Doch genau so sieht Gott diese Dinge (Mt. 5:21-28; 19:22).

wahrnehmen werden.⁵⁰ Sie werden diese perverse Doxologie nicht als "Anbetung" betrachten, aber Gott wird es mit Sicherheit.

Auch hier stützt sich das Argument der Befürworter der islamischen Antichrist-Theorie auf eine spezielle Definition des Wortes "Anbetung", die (meiner Meinung nach) nicht sehr zufriedenstellend ist:

> Zusammenfassend müssen wir also angesichts des Bedeutungsspektrums von *proskyneō* vorsichtig sein, wenn wir dogmatisch erklären, daß der Antichrist als Gott oder Gottheit verehrt werden wird. **Die Verse in Offenbarung 13, in denen es heißt, daß der Antichrist angebetet wird, könnten einfach bedeuten, daß die Menschen auf der Erde sich ihm völlig unterordnen werden...**⁵¹ [Fettdruck hinzugefügt].

Es stimmt, daß sich der Begriff "Anbetung" (*proskyneō*) auf einen einfachen Akt der Achtung oder Unterwerfung beziehen kann. Wir wissen jedoch, daß das Wort "Anbetung" in Offenbarung 13 die Art der Anbetung bezeichnet, die allein Gott vorbehalten ist, denn schon der Refrain "*Wer ist dem Tier gleich? Wer kann mit ihm Krieg führen?*" ist eine perverse Doxologie, die direkt aus den Psalmen, die Gott verherrlichen, entnommen wurde. Mit anderen Worten: Der Lobpreis des Antichristen in Offenbarung 13 ist dem offiziellen Lobpreis Gottes nachempfunden und schreibt dem Antichristen Eigenschaften zu, die ausschließlich dem Allerhöchsten vorbehalten sind:

- **Jeremia 49:19** - Denn **wer ist mir gleich**, und wer wird mich vor Gericht stellen? Und wer ist der Hirte, **der gegen mich bestehen kann**?

---

⁵⁰ Die Menschen werden besonders blind für die Perversität ihrer Anbetung sein, nachdem Gott eine mächtige "Verblendung" schickt, die sie dazu bringt, den Täuschungen des Feindes Glauben zu schenken (2. Thess. 2:11).

⁵¹ Joel Richardson, *Mideast Beast* (Wash., D.C.: WND Books, 2012), S. 134-135.

- **Psalm 35:10 - HERR, wer ist wie Du,** der den Bedrängten errettet von **dem, der zu stark für ihn ist** ...?

- **2. Mose 15:11 - Wer ist wie du,** Herr, unter den Göttern? Wer ist wie du, majestätisch in Heiligkeit, furchtgebietend in Ruhmestaten, **Wunder vollbringend?**

- **Psalm 113:5 - Wer ist wie der HERR, unser Gott,** der **in der Höhe thront**...

- **Psalm 89:6 - Denn wer im Himmel kann mit dem Herrn verglichen werden?** Wer unter den Söhnen der Mächtigen [d.h. unter den Engeln] kann **mit dem Herrn verglichen werden?**

Folglich werden Muslime, wenn sie einfach nur die Doxologie aus Offenbarung 13:4 rezitieren, den Antichristen und Satan verehren, ob sie sich dessen bewusst sind oder nicht. Sie verstoßen damit gegen das Zweite Gebot *aus Gottes Sicht*. Und das ist die Sichtweise, die zählt.[52]

Um es zu wiederholen: Muslime beten vielleicht nicht direkt zu der Bestie oder halten sie für Allah. Aber in Verletzung des zweiten Gebots werden sie den Antichristen in einem Maße *proskyneō, das* weit über bloße "Ehrfurcht" oder "Respekt" oder "Unterwerfung" hinausgeht.

In der Tat werden sie den Antichristen und seinen Vater, den Teufel, für göttlich ("Wer ist wie du?") und unbesiegbar ("Wer kann mit dir Krieg führen?") erklären und damit dem Tier und dem Drachen Eigenschaften zuschreiben, die ausschließlich dem Allmächtigen zustehen. Die islamische Gemeinschaft und der Rest der Menschheit mögen ihre Lobpreisung des Antichristen nicht als frevelhafte Anbetung betrachten, aber Gott wird es sicherlich tun.[53]

---

[52] Die Tatsache, daß die Doxologie in Offenbarung 13 eine tatsächliche Anbetung des Antichristen darstellt, wird durch die Tatsache untermauert, daß die Heiligen der Tribulation nicht daran teilnehmen (wie V. 7-8 andeuten).

[53] Meiner Ansicht nach wird die muslimische Anbetung des Antichristen nur während der ersten Hälfte der Tribulation stattfinden, d. h. solange die muslimische Gemeinschaft noch glaubt, er

2. Das bringt uns zur zweiten Frage: Wird der Antichrist tatsächlich behaupten, Gott zu sein, wenn er sich in den wieder aufgebauten Tempel in Jerusalem setzt?

Die Befürworter der islamischen Antichrist-Theorie sagen nein. Der Antichrist wird vielleicht im Tempel sitzen und die Anbetung der Menschen entgegennehmen, aber er wird niemals die Worte "Ich bin Gott" aussprechen. Kein Muslim würde jemals so etwas sagen, und keine Person, die dies täte, würde jemals von der muslimischen Gemeinschaft angenommen werden.

Wenn Paulus sagt, der Antichrist werde "wie Gott im Tempel Gottes sitzen und sich als Gott ausgeben", so meinen die Befürworter der IAT damit nicht, daß das Tier sich als Gott ausgeben wird. Vielmehr meint er, daß der Antichrist als Muslim den Gott Israels verhöhnen und behaupten wird, ihm überlegen zu sein.

Meiner Meinung nach hat diese Interpretation sicherlich den Vorteil, originell zu sein. Aber sie lässt auch mehrere Schlüsselstellen außer Acht, die darauf hinweisen, daß der Antichrist bestimmte Dinge tun wird, die kein Muslim auch nur in Erwägung ziehen würde. Betrachten Sie diese Aussagen:

- **2. Thessalonicher 2:4** - [Der Antichrist] sitzt **als Gott** im Tempel Gottes und **gibt vor, er sei Gott**.

- **Daniel 8:11** - Er hat sich sogar **so hoch erhoben wie** der **Fürst der Heerscharen** [d.h. Jesus]; und durch ihn wurden die täglichen Opfer weggenommen und die Stätte seines Heiligtums niedergerissen.

---

sei ihr Verbündeter gegen Israel. In dem Moment jedoch, in dem der Antichrist den Tempel in Jerusalem betritt und behauptet, Gott zu sein, werden die islamischen Völker völlig entrüstet sein. Sie werden den Antichristen ablehnen und mit ihm um die Kontrolle über das Heilige Land kämpfen. Dies wird zu den Kriegen und dem Chaos in der zweiten Hälfte der Tribulation führen.

- **Offenbarung 13:15** - [Und der falsche Prophet wird bewirken], daß alle, die das Bild des Tieres nicht <u>anbeten</u> wollen, getötet werden.

- **2. Thessalonicher 2:3-4** - [U]nd dieser Mensch der Sünde ... [wird] **sich selbst <u>über alles erheben</u>, was Gott genannt wird.**

Lassen Sie mich den Leser fragen: Würde ein Muslim sich selbst als Gott darstellen? Würde ein Muslim die Menschen zwingen, sein Bild anzubeten? Würde ein Muslim sich selbst für höher als *alles, was* Gott genannt wird, erklären? Nein, natürlich nicht! Und doch ist es genau das, was diese Verse verkünden. Zwar sagt keiner von ihnen ausdrücklich, daß der Antichrist der Welt verkünden wird: "Ich bin Gott", aber die kombinierte Wirkung dieser Aussagen ist, daß der Antichrist genau das tun wird.[54]

Die Tatsache, daß die Heilige Schrift diese spezielle Form der Blasphemie nicht aufzeichnet, ist akademisch. Es ist eine Unterscheidung ohne Unterschied, denn sogar Daniel sagte, daß der Antichrist sich selbst für höher als jeden anderen Gott, *einschließlich* Allah, erklären würde:

Daniel 11:36-37 - [U]nd er [der Antichrist] wird sich selbst erhöhen und **sich über alle Götter groß machen** und wird unerhörte Worte gegen den Gott der Götter reden ... **Er wird auch ... keinen Gott achten; denn er wird sich über alle groß machen.**

Daniel ist eindeutig. Irgendwann während der Tribulation wird der Antichrist jeden Gott missachten und sich selbst über jeden Gott erheben, einschließlich Allah. Das sind Dinge, die kein Muslim tun würde. In der Tat werden diese Possen die muslimische Gemeinschaft so sehr schockieren und beleidigen, daß sich die gesamte islamische Nation gegen den Antichristen wenden und in

---

[54] Hesekiel 28:1-10 deutet durch ein historisches Beispiel an, daß der Antichrist tatsächlich behaupten wird, Gott zu sein: "Denn dein Herz ist hoch erhoben, und **du hast gesagt: Ich bin ein Gott, ich sitze auf dem Stuhl Gottes** mitten im Meer; aber du bist ein Mensch und nicht Gott ..."

der letzten Hälfte der Tribulation die Waffen gegen ihn erheben wird. (Siehe IAT-Behauptung Nr. 14.)

In der Tat kann man sich kaum eine explizitere Aussage vorstellen, die den Gedanken vermittelt, daß der Antichrist als Vertreter des Teufels den Anspruch erheben wird, das Amt des Allmächtigen zu bekleiden. Schließlich ist dies seit jeher das Ziel Satans gewesen. Warum sollte er es jetzt ändern?

Jesaja 14:12-14 - Wie bist du vom Himmel gefallen! Luzifer, du Sohn des Morgens! *Wie* bist du zu Boden gestürzt, du, der du die Völker geschwächt hast! Denn du hast in deinem Herzen gesprochen: "Ich will in den Himmel hinaufsteigen, ich will meinen Thron über die Sterne Gottes erheben, ich will mich auf den Berg der Versammlung setzen, auf die äußersten Seiten des Nordens. Ich will über die Höhen der Wolken hinaufsteigen, **ich will sein wie der Allerhöchste**."

Es ist klar, daß der Antichrist als Botschafter Satans, Luzifers unstillbares Verlangen, angebetet zu werden, widerspiegeln wird und den Titel "Der Allerhöchste" für sich beanspruchen wird.

Da der Antichrist also behaupten wird, Gott in Menschengestalt zu sein - und damit gegen einen der wichtigsten Grundsätze des Islam verstößt - bleibt uns nur eine Schlussfolgerung: Der Antichrist kann kein Muslim sein.

IAT-BEHAUPTUNG NR. 14 - In Hesekiel 38 steht, daß der Antichrist - in diesem Kapitel als "Gog" bekannt - eine Gruppe *muslimischer Nationen* zur Schlacht von Harmageddon führen wird. Daher muss der Antichrist ein Muslim sein.

UNTERSTÜTZUNG: Nach Hesekiel 38 wird zur Zeit des Endes eine ganz bestimmte Allianz von Nationen gegen Israel ziehen. Zu diesen Nationen gehören Togarma, Gomer, Persien, Äthiopien und Libyen.

Heute umfassen diese Gebiete in etwa die Türkei, den Iran, den Sudan und Libyen. Zusammen bilden sie einen feindlichen "äußeren Ring" um Israel. Und fast alle Menschen in diesen Ländern sind Muslime.

Darüber hinaus wird vorausgesagt, daß der Antichrist - den Hesekiel in diesem Kapitel[55] "Gog" nennt - das Kommando über diese Streitkräfte übernehmen und sie zu einer Invasion des Heiligen Landes führen wird, die in Harmageddon enden wird:

> **Hesekiel 38:7, 9, 18, 21** - Mache dich bereit [Gog] und rüste dich, du und **deine ganze Schar, die zu dir versammelt sind**, und sei ihnen ein **Wächter**... Du wirst aufsteigen und kommen wie ein Sturm, du wirst sein wie eine Wolke, die das Land [Israel] bedeckt, du und **deine ganze Schar** und **viele Völker mit dir**... Und es wird geschehen zur selben Zeit, wenn Gog gegen das Land Israel kommt, spricht Gott der Herr, daß mein Zorn in meinem Angesicht aufsteigen wird... Und ich will ein Schwert gegen ihn [Gog] aufbieten auf allen meinen Bergen...

Offensichtlich ist der Antichrist - oder "Gog" - der Mann, der diese Nationen nach Harmageddon führen wird. Und da die meisten dieser Nationen Muslime sind, muss auch der Antichrist ein Muslim sein.

<u>WARUM DIESES ARGUMENT FALSCH IST</u>: Gog ist tatsächlich der Antichrist in dieser Erzählung. Und die Nationen, die als Togarma, Gomer, Persien, Äthiopien (Kusch) und Libyen (Put) aufgeführt werden, sind zweifellos die Türkei, der Iran, der Sudan und Teile des heutigen Libyen und Algerien. Alle diese Länder sind durch und durch muslimisch.

Im Gegensatz zu dem, was viele Ausleger glauben, sagt Hesekiel 38:7 jedoch nicht, daß Gog der Anführer, König, Befehlshaber, Präsident, Genosse, Kaiser, Kalif oder Verbündeter dieser Nationen sein wird. Es heißt, er wird ihr "**Gefangener**" oder "**Kerkermeister**" sein. Das

---

[55] In meinem Buch *Gog von Magog finden* Sie eine Erklärung des Titels "Gog von Magog, oberster Fürst von Mesech und Tubal". Dies bezieht sich auf die Blutlinie des Antichristen, nicht auf die Nationen, die er beherrschen wird.

ist die Bedeutung des betreffenden Textes:

> Sei du bereit [Gog] und bereite dich vor, du und deine ganze Schar, die zu dir versammelt ist, und sei du ihnen ein **Wächter** [Gefängniswärter]...

Das entscheidende Wort in dieser Erzählung ist *mishmar*. In der King James Version wird *mishmar* mit "Wächter" übersetzt. Andere Bibeln übersetzen es (hier) mit "Ausguck", "Befehlshaber" oder "Führer". Der eigentliche Begriff bedeutet jedoch Aufseher, Gefängniswärter, Vollzugsbeamter, Gerichtsvollzieher, Gefängniswärter, Gefängniszelle, Kerker oder Strafvollzugsanstalt. Er bedeutet nie etwas anderes.[56]

Folglich lehrt Vers 38:7 nicht, daß der Antichrist die muslimischen Völker auf ihrem Marsch nach Israel anführen wird oder daß er in der Schlacht von Harmageddon an ihrer Seite kämpfen wird. Er lehrt vielmehr, daß der Antichrist als ihr *Kerkermeister* handeln wird. Er wird all diese Menschen in ihr Verderben ziehen und anschließend in der Hölle einsperren. Er wird diese Völker zu einem Kampf bei Megiddo anstacheln und sie so zu Gottes Schlachtung führen, so wie ein Gefängniswärter verurteilte Verbrecher zu ihrer Hinrichtung führt. In der Tat verwendet Jesaja genau diese Terminologie, um dieses Ereignis zu beschreiben:

> **Jesaja 24:22** - Und sie [die Völker der Erde] werden versammelt werden, wie **Gefangene** in der Grube versammelt werden, und werden in das **Gefängnis** [der Hölle] eingeschlossen werden...

Offenbarung 16:13-14 vervollständigt das Bild:

---

[56] Gelegentlich kann *mishmar* auch "Beschützer" bedeuten, aber das ist nicht die Bedeutung, die hier angegeben wird. Der Antichrist beschützt diese Gruppen nicht vor irgendjemandem. Tatsächlich zeigt die Septuaginta-Version von Vers 38:7, daß die griechischen Übersetzer Gog so verstanden, daß er einen "Dienst" für den Allmächtigen verrichtet: "[U]nd du [Gog] sollst mir ein Wächter sein." Mit anderen Worten, wenn ich es so ausdrücken darf: *Und du, Gog, sollst mir als Gefängniswärter dienen. Du wirst mein Gerichtsvollzieher sein. Du wirst alle meine Feinde ins Tal Joschafat rufen, damit ich sie alle auf einmal verurteilen und einsperren kann.*

Und ich sah **drei unreine Geister** ... aus dem Mund des **Drachen** [Satan] und aus dem Mund **des Tieres** [Gog, der Antichrist] und aus dem Mund des **falschen Propheten** kommen. Denn es sind Geister von Teufeln, die **Wunder tun** und ausgehen zu den Königen der Erde und des ganzen Erdkreises, **um sie zu versammeln zum Kampf an jenem großen Tag des allmächtigen Gottes.**

Mit anderen Worten: Wenn der letzte Showdown näher rückt, wird der Antichrist - zusammen mit dem Drachen und dem falschen Propheten - seine dämonischen Abgesandten aussenden, um die in Hesekiel 38 erwähnten Völker in die Schlacht von Harmageddon zu ziehen.[57] Sie werden sie in das Gefängnis der Hölle zerren.

In der Praxis bedeutet dies wahrscheinlich, daß der Antichrist und der falsche Prophet die internationale Gemeinschaft mit erbitterten Beleidigungen und unverschämten Forderungen provozieren werden. Beide Männer werden darauf bestehen, daß der Antichrist immer noch Gott auf Erden ist und daß jeder, der ihm nicht gehorcht, seinen Zorn zu spüren bekommt. Angestachelt von Satans Durst nach totaler Kontrolle wird der Antichrist die Könige des Nahen Ostens "um sich scharen" und sie zu einer Schlacht anstacheln, in der er (wie er glaubt) die Nationen, die sich seiner Autorität widersetzen, ein für alle Mal zerschlagen kann.

Ohne zu ahnen, daß Gott ihre Worte und Taten für seine eigenen Zwecke manipuliert, werden der Antichrist und der falsche Prophet den Iran, den Sudan, die Türkei und die übrigen muslimischen Länder, die Hesekiels "äußeren Ring" bilden, dazu anstiften, zu den Bergen von Megiddo zu marschieren, damit sie alle auf einen Schlag vernichtet werden können - nur wird es *Gott, der Allmächtige*, sein, der die Zerstörung vornimmt:

---

[57] Im Alten Testament sagt Gott, daß er alle Völker zum Endkampf nach Israel ziehen wird (Joel 3:2, 11; Sach. 14:1-3; Zeph. 3:8; Ez. 38:4-9). In der Apokalypse offenbart Gott dann, wie er das zu tun gedenkt: Es wird durch die Verhöhnung Satans, des Antichristen und des falschen Propheten in Verbindung mit der Ermutigung durch drei abscheuliche Dämonen geschehen (Offb. 16:14, 16).

> **Hesekiel 38:14-23** - Darum, Menschensohn, prophezeie und sprich zu **Gog** [dem Antichristen] ... "In den letzten Tagen werde **ich dich gegen mein Land bringen**, damit die Völker mich erkennen, wenn ich in dir, Gog, vor ihren Augen geheiligt werde ..." Und ich werde ihn [Gog, den Antichristen] mit Pestilenz und Blutvergießen ins Gericht bringen; ich werde auf ihn, auf **seine Truppen** [d. h. die neurömischen Streitkräfte Europas] und auf die **vielen Völker, die mit ihm** *sind* [d. h. alle anderen Nationen, die nach Harmageddon gezogen sind, einschließlich der muslimischen Königreiche], einen flutartigen Regen, große Hagelkörner, Feuer und Schwefel herabregnen lassen. **So will ich mich selbst verherrlichen und heiligen, und ich will vor den Augen vieler Völker bekannt werden**. Dann werden sie erkennen, daß *ich der Herr bin*.

Kurz gesagt, Gott wird den Antichristen als Köder benutzen, um die Armeen des Islam nach Harmageddon zu locken. Die Muslime werden "mit" dem Antichristen sein, aber nur in dem Sinne, daß sie sich am selben Ort (Israel) und zur selben Zeit (am Ende der Tribulation) befinden. Das bedeutet nicht, daß sie Verbündete oder Kameraden sind oder daß sie das gleiche Ziel verfolgen. Tatsächlich werden die islamischen Völker weit davon entfernt sein, Freunde des Antichristen zu sein, sondern sie werden absolut empört sein über den Anspruch des Antichristen, höher zu sein als Allah (Dan. 11:37). Und das bedeutet, daß der Antichrist in der Schlacht von Harmageddon der *Feind* der Muslime sein wird, nicht ihr Verwandter oder Führer.

Die Feindseligkeit zwischen dem Antichristen und den islamischen Völkern wird in Daniel 11 und Hesekiel 38 deutlich zum Ausdruck gebracht:

> **Daniel 11:40** - Und zur Zeit des Endes wird der König des Südens [**Ägypten, Libyen, Algerien, Tunesien**] gegen ihn [den Antichristen] stoßen; und der König des Nordens [der Antichrist] wird gegen ihn [den König des Südens] kommen wie ein Wirbelsturm, mit Wagen, Reitern und vielen Schiffen; und er wird in die Länder eindringen und wird überlaufen und hinübergehen.

Daniel 11:41-43 - Er [der Antichrist] wird auch in das herrliche Land [Israel] eindringen, und viele Länder [im **Nahen Osten**] werden [durch den Antichristen] gestürzt werden; aber diese werden aus seiner Hand entkommen, nämlich **Edom** [Südjordanien] und **Moab** [Mitteljordanien] und der Anführer der Nachkommen von **Ammon** [Nordjordanien]. Er wird seine Hand auch über die Länder ausstrecken, und das Land **Ägypten** wird nicht entrinnen. Und er wird Macht haben über die Gold- und Silberschätze und über alle Kostbarkeiten **Ägyptens**; und die **Libyer** [Nordafrika] und die **Äthiopier** [Mittelsudan] werden ihm zu Füßen liegen.

Daniel 11:44-45 - Aber aus dem Osten [höchstwahrscheinlich **Irak, Iran** und **Saudi-Arabien,** u.a.] und aus dem Norden [höchstwahrscheinlich **Syrien, Libanon** und **Türkei,** u.a.] werden ihn [den Antichristen] bedrängen; darum wird er mit großem Grimm ausziehen, um zu verderben und viele zu vernichten ... Doch er wird zu seinem Ende kommen, und niemand wird ihm helfen.

Hesekiel 38:13 - Saba [**Äthiopien** und/oder **Jemen**] und Dedan [**Saudi-Arabien**] und die Kaufleute von Tarsis [möglicherweise **Libanon** oder **Tunesien**] mit all ihren jungen Löwen werden zu dir sagen: Bist du gekommen, um Beute zu machen, hast du deine Leute versammelt, um Silber und Gold, Vieh und Güter wegzuschleppen, um eine große Beute zu machen?

Um es deutlich zu sagen: Der Antichrist kommt nicht aus der Türkei, dem Iran oder einem Teil Arabiens. Er ist kein muslimischer Krieger oder ein Freund der islamischen Gemeinschaft. Stattdessen wird er, nachdem er den Gräuel der Verderbnis begangen hat, als ihr erbitterter Feind angesehen werden. Der Antichrist kann also kein Muslim sein.

Die nachstehende Tabelle, die sich auf die vorangegangenen Schriften stützt, macht deutlich, daß fast alle muslimischen Nationen in der Nähe Israels in Harmageddon als *Gegner* des Antichristen auftreten werden, was beweist, daß er nicht ihr Führer, General,

Kalif, Landsmann oder Befehlshaber sein kann. Stattdessen wird der Antichrist ihr Todfeind sein. Und das bedeutet, daß der Antichrist selbst kein Muslim sein kann.

Die muslimischen Nationen werden den Antichristen hassen und nach Harmageddon ziehen, um ihn zu bekämpfen (Dan. 11 und Hesek. 38)

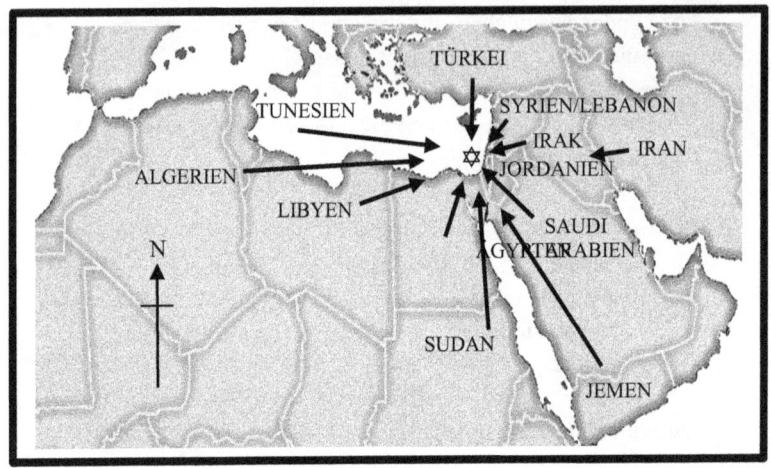

IAT-BEHAUPTUNG NR. 15 - **Die Prophezeiungen Daniels deuten darauf hin, daß sich bald ein mächtiger König in der Türkei erheben und das Land Iran angreifen wird. In der Folge dieses Krieges werden vier islamische Königreiche entstehen. Aus einem dieser Reiche wird sich dann ein islamischer Antichrist erheben und den gesamten Planeten unterwerfen.**

UNTERSTÜTZUNG: In Daniel 8 scheint die Ziege die moderne Türkei und ihren autoritären Führer, Recep Erdogan, zu repräsentieren. Erdogan ist einer der mächtigsten Führer, die die Türkei je gekannt hat, und er ist verzweifelt bemüht, das islamische Kalifat (oder vielleicht das Osmanische Reich) wiederherzustellen. In letzter Zeit hat er sich mit Israel und dem Westen überworfen.

Sein wahres Hindernis für den Thron des Islam ist jedoch der Iran, eine Nation, deren Führer einer rivalisierenden Sekte der muslimischen

Gemeinschaft angehören. In naher Zukunft wird Erdogan daher seinen Streitkräften den Befehl geben, nach Osten vorzustoßen und den Iran in einem verheerenden Blitzkrieg zu erobern. Er wird die Ayatollahs in einem einzigen Vorstoß zerschlagen!

Laut Daniel:

> **Daniel 8:5-6** - Und als ich nachdachte, siehe, da kam ein Ziegenbock [vermutlich die Türkei] von Westen her [d.h., er stürmte nach Osten] ... und rührte die Erde nicht an; und der Ziegenbock hatte ein großes Horn zwischen seinen Augen [vermutlich Erdogan]. Und er kam zu dem Widder, der zwei Hörner hatte [vermutlich Iran] ... und lief zu ihm in der Wut seiner Kraft.

Im Gefolge dieses Krieges werden vier islamische Königreiche (die "vier bemerkenswerten" in den Versen 8 und 22) errichtet werden. Ihr Gebiet wird das des alten islamischen Kalifats umfassen und im Wesentlichen mit diesem übereinstimmen. Aus einem dieser vier Reiche wird sich dann der Antichrist als "kleines Horn" (Verse 9 und 23) erheben und den gesamten Nahen Osten und die Mittelmeerküste übernehmen.

> **Daniel 8:8-9** - Und der Ziegenbock [vermutlich der Führer der Türkei] wurde sehr groß; und als er stark war, wurde das große Horn zerbrochen, und es stiegen vier große Hörner [vermutlich vier neue muslimische Königreiche] zu den vier Winden des Himmels auf. Und aus einem von ihnen ging ein kleines Horn hervor [der Antichrist], das sehr groß wurde, gegen Süden und gegen Osten und gegen das angenehme Land.

All dies wird durch die Tatsache untermauert, daß der Engel (der die Vision erklärt) alle Personen und Ereignisse in Kapitel 8 in die Endzeit zu stellen scheint:

- **Daniel 8:17** (NASB) - Menschensohn, begreife, daß **sich die Vision auf die Zeit des Endes bezieht**.

- **Daniel 8:19** (KJV) - Siehe, ich will dich wissen lassen, **was am letzten Ende** des Zorns **sein wird**.

- **Daniel 8:23** (NIV) - **In der zweiten Hälfte ihrer Herrschaft**, wenn die Rebellen völlig böse geworden sind, wird ein grimmig aussehender König, ein Meister der Intrigen, aufstehen.

Der Widder, der Ziegenbock, die vier Bemerkenswerten und das Kleine Horn sind eindeutig keine historischen Figuren wie Alexander der Große, Antiochus IV. oder Seleukos, sondern zukünftige Persönlichkeiten, die sich im Nahen Osten "zur Zeit des Endes" erheben werden. Sie sind daher zwangsläufig Muslime.

WARUM DIESES ARGUMENT FALSCH IST: Diese Auslegung von Daniel 8 ist zutiefst fehlerhaft:

1. Erstens zeigt eine einfache Lektüre von Daniel 8, daß sich die Verse 5-8 und 21-22 *nicht* auf ein zukünftiges islamisches Königreich beziehen, sondern auf **Alexander den Großen** und die Generäle, die sein Reich nach seinem Tod aufteilten. Die Einzelheiten von Alexanders wohlbekanntem Werdegang stimmen mit verblüffender Präzision mit praktisch jedem Element in Daniels Erzählung überein:

   - Gemäß den Versen 5 und 21 war Alexander der erste König von Griechenland.[58]

---

[58] Historiker sind sich einig, daß Alexander der "erste König" eines vereinigten griechischen Hegemons war, genau wie Daniel es vorausgesagt hat. Tatsächlich waren die griechischen Stadtstaaten nicht unter einem Herrscher vereint, bis Alexander 331 v. Chr. die Stadt Sparta unterwarf (siehe z. B. den Wikipedia-Artikel "Der Bund von Korinth"). Trotz der Grübeleien einiger IAT-Befürworter kann also weder Philipp von Mazedonien (Alexanders Vater) noch irgendein anderer Anführer neben Alexander dem Großen als "erster König von Griechenland" im Sinne der Prophezeiung Daniels bezeichnet werden. [**Anmerkung**: Im hebräischen Original heißt es nicht "Grecia". Es heißt *Javan*. Aber aufgrund einer gemeinsamen Abstammung (Javan war der Patriarch des Volkes, das die Westtürkei und Ionien-Griechenland besiedelte) kann sich dieser Begriff je nach Kontext auf die Menschen im antiken Griechenland oder Kleinasien beziehen. Schriftsteller aus dieser Zeit, wie Josephus, bestätigen diese Konvention. (Siehe *Antiquities of the Jews*, Buch 1, Kap. 6, Abs. 1.) Außerdem ist es unbestreitbar, daß Alexander der erste und einzige König der Griechen war, der nach Osten vordrang und mehr Gebiete

- Gemäß den Versen 5 und 7 stürmte Alexander ostwärts durch die bekannte Welt (d. h. die den Juden bekannte Welt) und war absolut unbesiegbar.

- Gemäß den Versen 6 und 7 besiegte Alexander das medopersische Reich und brachte dieses Reich unter seine Kontrolle. (Der Engel bezeichnet den "Widder" in Vers 20 ausdrücklich als das Reich von "Medien und Persien").

- Gemäß Vers 8 starb Alexander plötzlich auf dem Höhepunkt seiner Macht.

- In Übereinstimmung mit den Versen 8 und 22 (und Daniel 11:4) erbte keiner von Alexanders Verwandten sein Reich. Stattdessen beanspruchten mehrere von Alexanders Top-Generälen das Reich und teilten es dann in **vier** Gebiete auf, die sie für sich selbst behielten.

- Gemäß Vers 22 war das Territorium dieser Generäle zusammengenommen nicht so groß wie das gesamte Gebiet, das Alexander beherrschte, und keiner dieser Generäle war jemals so politisch mächtig oder erfolgreich im Kampf wie Alexander.

- Bezeichnenderweise sagen fast alle säkularen Gelehrten, die diese Ära untersucht haben[59] (d. h. Historiker, die kein Interesse an Daniel 8 haben), daß **vier** von Daniels Nachfolgern - die von den Gelehrten als *Diadochen*, wörtlich: die Nachfolger, bezeichnet werden - sein Reich schließlich in **vier** große Regionen aufteilten und damit die Voraussetzungen für die hellenistische Periode und das Weltgeschehen der nächsten 300 Jahre schufen.

---

eroberte als jeder andere Mann in der Geschichte (V. 5 und 7). Und schließlich war Alexander zwar selbst Mazedonier, aber dennoch König des griechischen Volkes, was alles ist, was die Worte der Prophezeiung verlangen].

[59] Siehe zum Beispiel *Dividing the Spoils*, von Robin Waterfield (2011), und *The Wars of Alexander's Successors 323-281 B.C.*, von Bob Bennett und Mike Roberts (2008).

2. Wie bereits in dieser Studie dargelegt, liegt die Heimat des Antichristen nach Daniel 8:9 im **Nordwesten** Israels - eine Tatsache, die die Türkei (die nördlich von Judäa liegt) sowie praktisch alle Nationen, deren Gebiet früher Teil des griechischen, medo-persischen und babylonischen Reiches war, sofort ausschließt. Und warum? Weil, abgesehen vom griechischen Mutterland selbst, keines dieser Gebiete nordwestlich von Israel lag.[60] (Siehe dazu die Karte auf Seite 47.)

3. Angesichts der politischen Realitäten im heutigen Nahen Osten ist die Vorstellung, daß nach einem Krieg plötzlich vier neue islamische Regierungen entstehen und das Gebiet übernehmen, das einst das alte islamische Kalifat (oder sogar das Osmanische Reich) ausmachte, äußerst schwer zu glauben. Die Ungleichheit zwischen den rund 20 Nationen, die dieses Gebiet heute besetzen - in Bezug auf ihre relative Größe, ihren Reichtum, ihre militärische Stärke, ihre religiöse Toleranz und ihre Politik (ganz zu schweigen von der zerrissenen Natur der arabischen Gesellschaft im Allgemeinen) - macht eine solche Neuordnung äußerst unwahrscheinlich.

Es gibt zwar einige panarabische Organisationen wie die Arabische Liga, die Islamische Bruderschaft und die OPEC, aber keine dieser Organisationen übt politische Kontrolle über ihre Mitglieder aus. Stattdessen dienen diese Organisationen lediglich als Foren zur Festlegung gemeinsamer Ziele, zur Diskussion von Mitteln und Wegen und zur Beilegung von Meinungsverschiedenheiten zwischen den Mitgliedern. Sie haben keinen staatlichen oder souveränen Charakter.

---

[60] Man könnte wohl argumentieren, daß das Gebiet, das heute Albanien und Nordmazedonien entspricht, einst zu Alexanders Reich gehörte und daß 49 % der entsprechenden Bevölkerung heute Muslime sind. Dem steht jedoch die Tatsache gegenüber, daß die Regierungen beider Länder säkular sind, über 50 % der Gesamtbevölkerung *nicht* muslimisch ist und die Albaner und Nordmazedonier keine Araber sind (d. h. sie stammen nicht von den alten Stämmen ab, die um Israel herum ansässig waren).

4. Schließlich lehrt Daniel 8 nicht, daß der Widder, der Ziegenbock und die vier Hörner in naher Zukunft auftauchen werden. Stattdessen lehrt die Erzählung, daß diese Reiche *bereits gekommen und gegangen sind*. Sie können daher nicht die Wesen sein, die den zukünftigen Antichristen hervorbringen werden.

Lassen Sie mich das wiederholen: Laut der Heiligen Schrift sind der Widder, die Ziege und die vier Bemerkenswerten historische Reiche, die schon lange vergangen sind. Sie werden nicht zurückkommen. Stattdessen liegen zwischen ihnen und dem kommenden "kleinen Horn" fast 2500 Jahre.

Wir wissen, daß diese drei Reiche der Vergangenheit angehören - und nicht der Zukunft - aus drei einfachen Gründen:

a. **Der Widder, der Ziegenbock und die vier Hörner sind in der historischen Ära angesiedelt, nicht in der Endzeit.**

Der chronologische Aufbau von Kapitel 8 ist in dieser Hinsicht sehr eindeutig:

Geschichtliche Epoche - Widder, Ziege und vier bemerkenswerte Persönlichkeiten (V. 20-22): "Der Widder, den du gesehen hast und der zwei Hörner hat, das sind die Könige von Medien und Persien. Und der raue Bock ist der König von Griechenland; und das große Horn, das zwischen seinen Augen ist, ist der erste König. Da es nun zerbrochen ist, während vier [namhafte] für es aufgestanden sind, werden vier Königreiche aus dem Volk aufstehen, aber nicht in seiner Macht."

Chronologischer Bruch (V. 23; NIV): "Im letzten Teil ihrer Herrschaft, wenn die Rebellen völlig böse geworden sind ..."

Endzeit - Kleines Horn (V. 23): "[Ein] König mit grimmiger Miene (der Antichrist) ... wird sich erheben.

Offensichtlich ist das Kleine Horn - und zwar nur - derjenige, der in der Endzeit "sich erheben" wird, d. h. wenn die Menschheit "völlig böse" geworden ist.

Die ersten beiden Reiche hingegen - der Bock und der Widder - werden in die Vergangenheit verbannt. Sie werden ausdrücklich aus dem Abschnitt über die "letzten Tage" dieser Prophezeiung ausgeschlossen. In den Versen 20 und 21 sagt der Engel Daniel sogar ausdrücklich, daß der Widder das medo-persische Reich und der Bock das griechische Reich ist. Dies waren historische Dynastien. Sie endeten 331 v. Chr. bzw. 63 v. Chr.. Daher ist es ausgeschlossen, daß diese Königreiche Teil der endzeitlichen Ereignisse sind.

Allein dieser Beweis bedeutet, daß der Antichrist nicht aus Griechenland, Medo-Persien (Iran) oder gar einem vierteiligen Kalifat aufsteigen wird, denn laut Vers 23 existierten die Medo-Perser, die Griechen und die vier Bemerkenswerten (was auch immer sie waren) schon vor Jahrhunderten. Sie kamen und gingen Äonen vor unserer Zeitrechnung. Aber das ist noch nicht alles...

b. **Zwar bezieht sich alles, was in Daniel 8 erwähnt wird, auf die Endzeit, aber nicht alles "findet in der Endzeit statt".**

Die Aussagen in Daniel 8, Verse 17 und 19, daß die Vision die letzten Tage "betrifft" und beschreibt, "was am letzten Ende sein wird", bedeuten nicht, daß jedes Ereignis und jede Persönlichkeit in dieser Vision zwangsläufig in der Zukunft liegen muss. Es bedeutet lediglich, daß das große Finale - der Aufstieg des Antichristen oder "Königs mit dem grimmigem Antlitz" - in den letzten Tagen stattfinden wird und daß alle anderen Ereignisse auf irgendeine sinnvolle Weise mit diesem Moment verbunden sind, indem sie z. B. einen Einblick, eine Grundlage, einen Rahmen oder einen Aufbau bieten.

Eine ähnliche Redewendung wird in Daniel 2 verwendet. Wie Sie sich vielleicht erinnern, ist das die Erzählung, in der Daniel dem König Nebukadnezar sagt, daß seine gesamte Statue zu dem gehört, "was in den letzten Tagen sein wird" (V. 2:28). Wir wissen jedoch, daß sich der "goldene Kopf" der Statue ausschließlich auf das alte Babylon bezieht (V. 2:37-38) und nicht auf ein zukünftiges Königreich. Daniel sagt: "Du, o König [Nebukadnezar], bist ein König der Könige... **Du bist dieses Haupt aus Gold.**"

Mit anderen Worten: Obwohl Daniel sagt, daß sich die Vision von Nebukadnezar auf das bezieht, "was in der Endzeit sein wird", verstehen wir, daß nur die "Füße aus Eisen und Ton" tatsächlich in der Endzeit liegen.

Und genau so sind die Formulierungen in Daniel 8 - "dass das Gesicht sich auf die Zeit des Endes bezieht." (V. 17) und "ich will dich wissen lassen, was am Ende des Zorns sein wird" (V. 19) - zu verstehen. Die Ereignisse und Reiche in den Versen 8:20-22 sind Vorarbeiten, die in die Zeit Daniels, des Königs Nebukadnezar, Darius des Meders und Alexanders des Großen gehören. Die Ereignisse in den Versen 8:23-26 hingegen - einschließlich des Aufstiegs des "Königs mit dem grimmigen Antlitz" - gehören ausschließlich in die Zukunft, wenn der Antichrist an die Macht kommt.

c. **Die Formulierung "im letzten Teil ihrer Herrschaft" bedeutet eigentlich "am Ende der heidnischen Ära".**

Schließlich bedeutet die Formulierung "in der letzten Zeit ihrer Herrschaft" in Daniel 8:23 nicht, daß alle vier Reiche (die "vier namhaften") in der Endzeit zusammen regieren werden, wie viele IAT-Ausleger meinen. Stattdessen bedeutet es einfach, daß das Kleine Horn am Ende der **heidnischen Ära** auferstehen wird, einer Zeitspanne, die sich über fast 2600 Jahre erstreckt.

Ein einfaches Gedankenexperiment wird zeigen, daß dies die richtige Leseart des Satzes ist. Stellen Sie sich zum Beispiel vor, Sie nehmen an einer Diskussion über das alte Rom und seine rund 80 Cäsaren teil und jemand sagt: "Die Schlacht von Narbonne fand in der letzten Phase ihrer Herrschaft statt." Wir gehen nicht davon aus, daß unser Freund damit sagen will, daß alle achtzig Cäsaren im Jahr 436 n. Chr. gleichzeitig über das Reich herrschten, als die Schlacht von Narbonne stattfand. Stattdessen verstehen wir sofort, daß unser Freund von einem kurzen Moment in der Zeit spricht, gegen Ende der fünfhundertjährigen **römischen Ära**, als dieser besondere Konflikt ausgelöst und ausgetragen wurde.

Ebenso spielt die Formulierung "ihrer Herrschaft" in Daniel 8:23 auf eine 2600-jährige Ära an, die durch die Vorherrschaft heidnischer Reiche gekennzeichnet ist, im Gegensatz zur Vorherrschaft Jesu und Israels. Somit bezieht sich der "letzte Teil ihrer Herrschaft" ausschließlich auf die siebenjährige Tribulation.

Daher ist Vers 23 vielleicht leichter zu verstehen, wenn wir den einen Satz einfach durch den anderen ersetzen:

Daniel 8:23 (NIV) - Im letzten Teil [**der 2600-jährigen Herrschaft der Heiden**], wenn die Rebellen völlig böse geworden sind, wird ein grimmig aussehender König, ein Meister der Intrigen, aufstehen.

Diese Darstellung zeigt, daß weder das medo-persische Reich, noch das griechische Reich, noch die Reiche der vier Hörner in der Endzeit existieren (oder zurückkehren) müssen, sondern daß ein heidnisches Reich - eines, das die Ära der heidnischen Herrschaft vollendet - am Ende des Zeitalters unter dem Befehl des Antichristen auftaucht, um dem Herrn Jesus in der Schlacht von Harmageddon gegenüberzutreten. Das folgende Diagramm kann helfen, dies zu verdeutlichen:

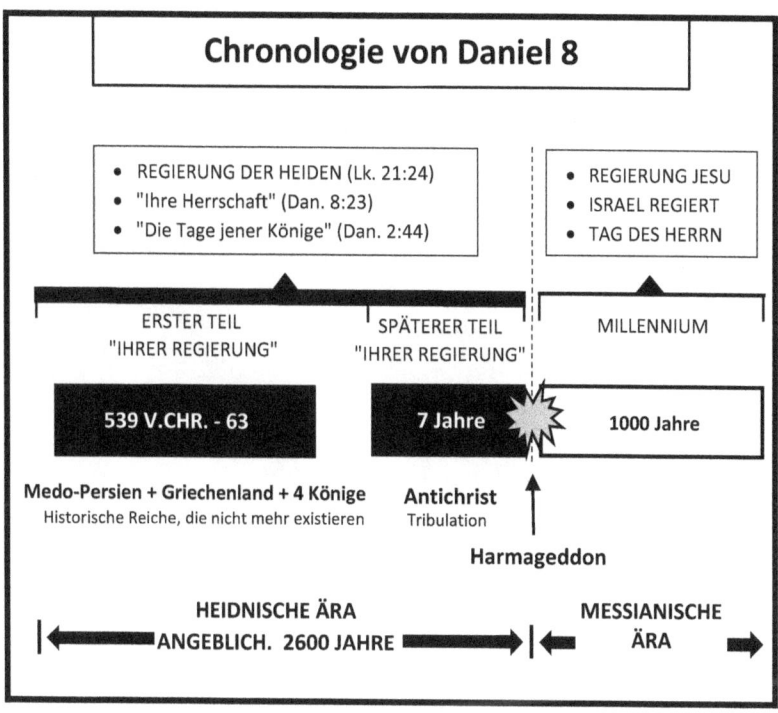

Kapitel 4

ZUSAMMENFASSUNG und SCHLUSSFOLGERUNG

Im vorangegangenen Kapitel wurde eine Menge Material behandelt. Aber das Fazit ist folgendes: Die Bibel lehrt nicht, daß der Antichrist ein Muslim sein wird. Trotz all der islamischen Kriege, die gegen Israel geführt wurden, der nicht enden wollenden Terroranschläge und des offensichtlichen Scheiterns eines römischen Antichristen in Europa, lehrt die Bibel eindeutig, daß das Tier der Apokalypse ein römischer Cäsar sein wird.

Folglich fallen alle Argumente, die der islamischen Antichrist-Theorie zugrunde liegen, in sich zusammen, wenn diese Behauptungen richtig bewertet werden.

In Kürze:

1. "Das Volk", das rechtlich und praktisch für die Zerstörung des Tempels im Jahr 70 n. Chr. verantwortlich war, waren nicht die von Rom angeworbenen lokalen Wehrpflichtigen. Es waren die Römer selbst. Folglich muss der Antichrist - der der "Fürst" dieses "Volkes" ist - ein Römer (Italiener) sein, kein Araber.

2. Als Jesus Pergamon als einen Ort beschrieb, an dem "der Thron des Satans steht" (Offb 2:13), meinte er damit nicht, daß sich der Regierungssitz des Feindes physisch in dieser Stadt befand (oder befinden wird). Er sagte lediglich, daß Pergamon von so viel Verdorbenheit und Sünde erfüllt war, daß der Satan in dieser Gegend "thronte". Der Teufel "regierte" die Stadt. Der Ausdruck ist als Metapher für eine Konzentration von Heidentum und Perversion gemeint, nicht als ein Punkt auf einer politischen Karte des Nahen Ostens.

3. Es stimmt, daß der Titel "König des Nordens" oft mit Tyrannen im Nahen Osten in Verbindung gebracht wird. Er ist jedoch nicht auf diese beschränkt. Vielmehr bezieht er sich auf jeden Feldherrn, der über das Nordtor in Israel eindringen könnte. Folglich könnte sich der Titel auf einen europäischen Antichristen beziehen, da europäische Streitkräfte normalerweise über diese Route in das Heilige Land eindringen würden.

4. Es stimmt zwar, daß sowohl der Antichrist als auch die Araber Israel während der Tribulation angreifen werden - und daß sowohl der Antichrist als auch die Araber bei seiner Wiederkunft von Christus besiegt und bestraft werden -, aber man kann nicht automatisch daraus schließen, daß der Antichrist ein Araber ist, nur weil man diese Parallelen sieht. Eine solche Schlussfolgerung wäre ein Trugschluss, der als *falsche Äquivalenz* bekannt ist.

Wenn die Heimat des Antichristen in der Bibel ausdrücklich erwähnt wird, liegt sie eindeutig im Nordwesten Israels (der Antichrist reist "nach Süden und Osten", um das "angenehme Land" zu erreichen). Das schließt die Möglichkeit aus, daß der Antichrist aus Arabien, Persien, Nordafrika oder sogar der Türkei kommt, denn keines dieser Länder liegt nordwestlich der Juden. Stattdessen befinden sich alle diese Nationen entweder im Norden, Osten, Süden oder Südwesten. Rom hingegen *befindet sich* nordwestlich des Heiligen Landes.

5. Die Elemente des Körpers des Tieres in Offenbarung 13 - das Maul eines Löwen, die Füße eines Bären und das Innerste eines Leoparden - verraten nicht die Religion, die ethnische Zugehörigkeit oder die nationale Herkunft des Antichristen. Stattdessen sagen sie uns dasselbe über den Antichristen wie über die Könige in Daniel 7: Der Antichrist wird "kühn und stolz" sein wie ein Löwe (wie Nebukadnezar), "stark" wie ein Bär (wie die Truppen von Cyrus von Persien) und "schnell und listig" wie ein Leopard (wie Alexander der Große).Wäre dies nicht der Fall - wenn diese Symbole sich stattdessen auf die ethnische Zugehörigkeit oder die Religion des Antichristen beziehen würden -, dann wären wir gezwungen zu schlussfolgern, daß der Antichrist

entweder ein "griechisch-türkisch-persischer Araber" (von der Rasse her) oder ein "griechisch-orthodoxer Muslim" (von der Religion her) sein müßte, Konstruktionen, die praktisch bedeutungslos sind.

6. Das Kleine Horn von Daniel 8 ist eine endzeitliche Figur, keine historische. Daher kann Antiochus Epiphanes nicht das kleine Horn aus Daniel 8 sein, und das bedeutet, daß die Grenzen des Reiches von Antiochus nicht dazu verwendet werden können, das Gebiet vorherzusagen, aus dem der Antichrist aufsteigen wird.

7. Da der Islam die Gottheit Jesu leugnet, erfüllt er sicherlich die biblische Definition einer "antichristlichen" Religion (1. Johannes 2:22). Aber dieses Kriterium ist zu weit gefasst, um nützlich zu sein. Andere Religionen wie der Hinduismus, der Mormonismus, der Atheismus und der Buddhismus leugnen ebenfalls die Gottheit Christi. Der Rückgriff auf 1. Johannes verleiht der islamischen Antichrist-Theorie daher wenig Gewicht.

8. Die Vorstellung, daß Saudi-Arabien oder Mekka die Hure Babylon ist, ist offenkundig falsch: Keines der Orte passt zu vielen der Details, die in der Heiligen Schrift über die Hure beschrieben werden. Der Antichrist kann daher nicht durch die Symbole in Offenbarung 17 mit dem Islam in Verbindung gebracht werden.

9. Während eine oberflächliche Analyse von Daniel 2 und 7 nahelegt, daß es sich bei dem Vierten Reich um das islamische Kalifat handeln könnte (weil das Kalifat dafür bekannt war, die Überreste seiner Feinde gründlich "auszumerzen"), zeigt eine tiefere Analyse, daß das Römische Reich - als dasjenige, das den Messias tatsächlich getötet, Jerusalem und den Tempel "zertrümmert" und dann die Überreste "zerstört" hat, indem es die gesamte Bevölkerung Judäas entweder umbrachte oder verbannte - dasjenige ist, das im Blick steht. Der Antichrist wird deshalb aus Rom kommen, nicht aus dem islamischen Kalifat.

10. Die gleichzeitige Zerstörung aller vier Teile des Standbildes von König Nebukadnezar in Daniel 2 bedeutet nicht, daß die ersten drei Teile - Babylon, Medo-Persien und Griechenland - die Machtbasis des Antichristen bilden werden. Stattdessen bedeutet es nur, daß *jede* menschliche Regierung von Christus zerstört wird, wenn er wiederkommt, *und* daß die Nachkommen Babylons, Medo-Persiens und Griechenlands eine besondere Strafe erhalten werden, als gerechte Bezahlung für das, was ihre Vorfahren den Juden angetan haben - und für das, was sie selbst getan haben.

11. Die islamische Eschatologie stammt nicht vom Heiligen Geist, sondern von muslimischen Klerikern. Sie kann daher nicht verwendet werden, um den Ursprung des Antichristen oder irgendetwas anderes über das Tier oder die Tribulation zu bestimmen, auch wenn sie einige Parallelen mit der Eschatologie der Heiligen Schrift aufweist.

12. Obwohl eine Reihe von Schriften den Antichristen als "Assyrer", "König von Babylon", "Fürst von Tyrus" und "König des Nordens" zu bezeichnen scheinen, können diese Titel aufgrund ihrer Unstimmigkeit nicht als Hinweise auf die Nationalität des Antichristen verwendet werden. (Ist der Antichrist assyrisch, ägyptisch, babylonisch, lydisch, tyrisch, russisch, persisch oder etwas anderes?) Stattdessen sind diese Titel, soweit sie auf den Antichristen zutreffen, einfach historische Typen, die darauf hinweisen, daß der Mann der Sünde - wie Shalmaneser von Assyrien und Nebukadnezar von Babylon - absolut bösartig sein und die Juden ohne Gnade abschlachten wird.

13. Kein Muslim würde jemals behaupten, Gott zu sein oder verlangen, als solcher verehrt zu werden. In 2. Thessalonicher 2:4 heißt es jedoch, daß der Antichrist "sich selbst über alles erheben wird, was Gott genannt oder angebetet wird, so daß er als Gott im Tempel Gottes sitzt und sich selbst als Gott ausgibt." Der Mann der Sünde kann also kein Muslim sein.

14. Im Gegensatz zu dem, was viele Ausleger über Hesekiel 38 glauben, ist der Antichrist (d. h. "Gog") nicht der Anführer der Türkei, Ägyptens, Syriens, Saudi-Arabiens oder einer anderen islamischen Nation, die in diesem Kapitel aufgeführt ist. Vielmehr ist er ihr Provokateur und Todfeind. Er wird diese Länder zu einer totalen Konfrontation anstacheln und sie so nach Harmageddon und in die Hölle "führen", so wie ein Gefängniswärter verurteilte Verbrecher in ihr Verderben "führt". Er ist also kein muslimischer Kalif. Er ist ein römischer Cäsar, den Gott benutzen wird, um die Araber - und den Rest des Planeten - nach Israel zu locken, damit sie sofort hingerichtet und in ihr ewiges Gefängnis geschickt werden können.

15. Die Vorstellung, daß der Bock in Daniel 8 den Führer der modernen Türkei symbolisiert und daß ein islamischer Antichrist bald aus der Asche eines Krieges zwischen der Türkei und dem Iran auferstehen wird, ist unhaltbar. Der chronologische Bruch in diesem Kapitel plaziert den Bock, den Widder und die vier Bemerkenswerten in eine historische Ära, die längst vergangen ist, während der Antichrist oder das "kleine Horn" fest in einer Ära angesiedelt ist, die in unserer Zukunft liegt.

Darüber hinaus stimmen die Details der Ziege und der vier Bemerkenswerten perfekt mit der Geschichte von Alexander dem Großen und den vier Generälen, die ihm folgten, überein, was beweist, daß der erste Teil von Daniel 8 sich auf die antike Geschichte bezieht und nicht auf ein zukünftiges islamisches Kalifat.

In Anbetracht all dieser Beweise ist nur eine Schlussfolgerung möglich: Der Antichrist kann kein Muslim sein. Auch kann sein Reich nicht aus dem Gebiet oder den Menschen bestehen, die Assyrien, Babylon, Persien, die islamischen Kalifate oder sogar das Osmanische Reich ausmachten. In der Tat gibt es *keinerlei* biblische Grundlage für die Annahme, daß der Antichrist ein Muslim sein wird. Man kann einen "islamischen Antichristen" einfach nicht aus den Seiten der jüdisch-christlichen Bibel ableiten.

Stattdessen zeigen die Beweise, die wir durchweg aus dem Wort Gottes erhalten, daß der Antichrist ein Römer sein wird. Er wird aus Europa kommen. Und er wird ein wiederbelebtes Römisches Reich regieren, das sich aus den religiösen, kulturellen, geografischen, genetischen, sprachlichen, rechtlichen und architektonischen Überresten von Cäsars Reich zusammensetzt, also die Europäische Union. (Siehe dazu das folgende Kapitel.)

Kapitel 5

DER ANTICHRIST WIRD EIN RÖMER SEIN

DA WIR JETZT WISSEN, daß der Antichrist kein Muslim sein kann, stellt sich die Frage: Was wird er sein? Meiner Meinung nach deuten die überwältigenden Beweise auf nur eine Möglichkeit hin - der Antichrist wird ein Römer sein.

Die folgenden drei Argumente sind nur einige der vielen Argumentationslinien, die beweisen, daß das Tier aus Rom kommen wird. Der Rest wird in meinen Büchern *Der Antichrist* und *Empire of the Antichrist* behandelt.

GÖTTLICHE VERGELTUNG

Der Grundsatz der göttlichen Vergeltung ist in der Heiligen Schrift fest verankert. Er besagt, daß die Elemente eines Verbrechens bei der Bestrafung repliziert werden müssen. Auge um Auge, Zahn um Zahn, Leben um Leben. Die göttliche Vergeltung ist Gottes Art, dafür zu sorgen, daß die Strafe für jede Sünde gerecht und angemessen ist.

Man kann dieses Prinzip in vielen bekannten biblischen Geschichten beobachten. Zum Beispiel verheimlichte Jakob seine Identität vor seinem Vater, um seinem Bruder das Erstgeburtsrecht zu stehlen, aber dann verheimlichte Jakobs Schwiegervater die Identität seiner Tochter, um Jakob weitere sieben Jahre Arbeit zu "stehlen". Ein anderes Mal drohte König Sanherib von Assyrien, jeden Bürger innerhalb der Mauern Jerusalems abzuschlachten, aber dann, genau am Vorabend dieses Ereignisses, schlachtete ein Engel des Herrn jeden Soldaten im assyrischen Lager (185.000 Mann) ab. Wiederum ertränkte der Pharao einst alle Erstgeborenen Israels, um das

Auftauchen eines Erlösers zu verhindern, doch dann befreite Gott die Hebräer, indem er den Pharao ertränkte und alle Erstgeborenen Ägyptens tötete. Es könnten noch viele weitere Beispiele angeführt werden.

Wenn wir also das Prinzip der göttlichen Vergeltung auf den Antichristen anwenden und dieses Prinzip auf die ethnische Gruppe *konzentrieren,* der er wahrscheinlich angehören wird, dann ist nur eine Schlussfolgerung möglich: Da Jesus unter der Autorität eines **italienischen Cäsars** (Tiberius) hingerichtet wurde, muss es ein **italienischer Cäsar** (der Antichrist) sein, zu dessen Hinrichtung Jesus zurückkehren wird.

DER ACHTE KÖNIG

Nach Offenbarung 17 ist der Antichrist oder "dasTier" der letzte in einer Reihe von acht bemerkenswerten Königen:

> **Offenbarung 17:9-11** (NKJV) - Hier ist der Geist, der Weisheit hat. Die sieben Häupter sind sieben Berge, auf denen das Weib sitzt, und **sie sind sieben Könige**; fünf sind gefallen, einer ist, der andere ist noch nicht gekommen; und wenn er kommt, muss er eine kleine Weile bleiben. **Das Tier, das war und nicht ist, ist auch selbst der achte und es ist *einer* von den sieben**, und es läuft ins Verderben.

Zu diesen Versen ist Folgendes zu bemerken: Als diese sieben Könige einige Kapitel zuvor zum ersten Mal auftauchen (Offb. 12:3), heißt es, daß sie ihre Kronen tragen. Das mag wie ein harmloses Detail erscheinen, aber es ist tatsächlich der Schlüssel zur Bestimmung ihrer Nationalität. Und warum? Weil das *Tragen der Kronen* uns verrät, daß diese Könige während der Ereignisse, die in der nachfolgenden Erzählung (d. h. in der Geschichte von Kapitel 12) geschehen, *an der Macht* waren.

Diese Ereignisse waren: die Geburt Jesu (V. 12:5), der Versuch Satans, ihn zu ermorden (V. 12:4), die Himmelfahrt Christi auf den Thron des Vaters (V. 12:5), die Vertreibung Satans aus dem Himmel unmittelbar danach (V. 12:9), die Flucht der jüdischen Gläubigen in die Stadt Pella im Jahr 67 n. Chr. für einen dreieinhalbjährigen Aufenthalt (V. 12:6) und die Zerstreuung der Juden über die ganze Erde, beginnend im Jahr 70 n. Chr. (V. 12:13-16).

Alle diese Ereignisse fielen in die Zeit der Römer. Und das bedeutet, daß die "sieben Könige", durch die der Drache wirkte, **sieben Kaiser gewesen sein müssen, die im alten Römischen Reich an der Macht waren**. Tatsächlich waren es Augustus, Tiberius, Caligula, Claudius, Nero, Domitian und Romulus Augustus. Und alle sieben waren *Italiener*.[61]

Da der Antichrist *diese Linie* der Cäsaren als "achter König" *abschließen* wird, und da von ihm gesagt wird, er sei *einer der sieben*, muss der Antichrist also auch ein **Italiener** sein.

DANIELS 70. WOCHE

Nach dem Buch Daniel hat Gott dem jüdischen Volk genau siebzig Jahrwochen zugestanden - also 490 Jahre, beginnend im Jahr 445 v. Chr. -, um mit ihrer Sünde und Rebellion abzurechnen.

Bezeichnenderweise waren alle siebzig Wochen vorherbestimmt, unter der Dispensation des Gesetzes stattzufinden. Mit anderen Worten, während der gesamten Zeitspanne von 490 Jahren würden die Juden das religiöse und zivile Gesetzbuch des Mose befolgen, es würde einen Tempel und einen Sanhedrin geben, die Heiden würden nicht direkt in den Erlösungsplan einbezogen werden (d. h., die Kirche würde nicht anwesend sein), ein jüdischer Hohepriester würde

---

[61] Bitte lesen Sie *Empire of the Antichrist* (Positron Books, 2020), um zu erfahren, warum gerade diese Cäsaren im Mittelpunkt stehen. Beachten Sie auch: Die ersten sechs Cäsaren waren sowohl auf der väterlichen Seite als auch auf der mütterlichen Seite Italiener. Allerdings war der siebte, Romulus Augustus, nur väterlicherseits Italiener (seine Mutter war Deutsche).

sowohl als religiöser als auch als ziviler Führer Israels dienen (es würde keinen davidischen König auf Israels Thron geben), und die Nation würde unter den Händen ausländischer Despoten leiden.

Das waren die Bedingungen, die herrschten, als Jesus Israel im Jahr 32 n. Chr., dem Jahr, das das Ende der 69sten Woche markierte, erstmals das Königreich anbot. Der Tempel stand in Jerusalem, der Sanhedrin tagte als Parlament, die Juden hielten sich an das Gesetz Mose, die Kirche existierte nicht, ein Hohepriester (der mit Rom einen Kompromiss eingegangen war) diente als nationaler Führer, und ein unbarmherziger **italienischer Cäsar** hielt das jüdische Volk mit seiner eisernen Faust in Schach. So war es in Israel im Jahr 32 n. Chr., als Jesus verworfen und "abgeschnitten" - oder getötet - wurde (Dan. 9:26) und somit eine Woche, die 70ste, noch ausstand.

Demnach, wenn die 70ste Woche beginnt und der Countdown weiterläuft (unmittelbar nach der Entrückung), müssen die Bedingungen, die im Jahr 32 n. Chr. bestanden, wiederhergestellt werden. Die Bedingungen, unter denen Jesus den Juden *zum ersten Mal* die Rettung anbot, müssen auch dann bestehen, wenn Jesus ihnen *erneut* die Rettung anbietet. Andernfalls würde Jesus den Juden von heute nicht denselben Vertrag anbieten, den er ihren Vorfahren angeboten hat, ein Szenario, das absolut nicht denkbar ist.

Die folgenden Verse bestätigen, daß Jesus den heutigen Juden die Rettung unter denselben Bedingungen anbietet, wie er sie ihren Vorfahren angeboten hat:

> **Matthäus 23:39** (NKJV) - Denn **ich** [Jesus] sage **euch** [d.h. euch Juden, die ihr unter dem Gesetz und der Unterdrückung Roms lebt], daß **ihr** mich nicht mehr sehen werdet, bis **ihr** sagt: "Gesegnet ist der, der im Namen des Herrn kommt."

> **1 Samuel 15:29** (HCSB) - Und der Ewige Israels lügt nicht und ändert seine Meinung nicht, denn **er ist kein Mensch, der seine Meinung ändert**.

4. Mose 23:19 (NASB) - Gott ist nicht ein Mensch, daß er lüge, noch ein Menschensohn, daß er gereuen würde; was er gesagt hat, sollte er es nicht tun? **Oder was er geredet hat, sollte er es nicht ausführen?**

Wenn Jesus am Ende der 70sten Woche wiederkommt, müssen die Juden folglich als souveräne Nation in ihrer angestammten Heimat leben, der Tempel muss in Jerusalem stehen, es muss einen Sanhedrin geben, die Kirche kann nicht auf der Erde sein, ein doppelzüngiger Premierminister muss in Israel an der Macht sein, und ein unbarmherziger **italienischer Cäsar** muss die Juden in einem verheerenden eisernen Griff halten. Nur so können die Bedingungen des ursprünglichen Angebots Jesu, die Juden vor dem Zorn Roms zu retten (Mt. 3:2 und 23:37-38), wirklich als "identisch" bewertet werden.

Und das bedeutet, daß der Antichrist - der letzte König der Heiden - ein **Italiener** sein muss, so wie der König von Rom im Jahr 32 n. Chr. war.

ZUSAMMENFASSUNG

Diese drei Konzepte und viele andere beweisen zweifelsfrei, daß der Antichrist ein Italiener sein wird. Er wird bald zu internationaler Berühmtheit aufsteigen, den Vertrag von Daniel 9:27 bestätigen und dann das Kommando über eine zehn Nationen umfassende Militärmacht in Europa übernehmen, die er nutzen wird, um Nordafrika und den Nahen Osten in eine Reihe tödlicher Kriege zu verwickeln. Am Ende seiner siebenjährigen Herrschaft wird er diese Streitkräfte einsetzen, um in der Schlacht von Harmageddon gegen Christus zu kämpfen, aber er wird gefangen genommen und lebendig in den Feuersee geworfen werden.[62]

---

[62] Weitere Informationen über die Nationalität und die Machtbasis des Antichristen finden Sie in meinen Büchern *Der Antichrist* und *Empire of the Antichrist*.

Kapitel 6

WISSEN UND REISEN WIRD ERHEBLICH ZUNEHMEN

Bis jetzt haben wir gelernt, daß der Antichrist *kein* Muslim *sein kann*. Stattdessen muss er ein Italiener sein, und er wird bald aus einem wiederbelebten Römischen Reich kommen. Aber *wie bald?* Könnte es schon im nächsten Jahr sein? Oder vielleicht innerhalb der nächsten fünf Jahre? Und wenn es so bald ist, was sind dann die Zeichen, die dies beweisen?

Tatsache ist, daß es Dutzende von Zeichen gibt, die beweisen, daß unsere Generation an der Schwelle zur Apokalypse steht. Dazu gehören solche Dinge wie:

- Das Aufkommen nuklearer Sprengköpfe und anderer Massenvernichtungswaffen, die die gesamte Erdbevölkerung ausrotten können (Sach 14:12; Mt 24:22).

- Der Aufstieg einer mächtigen Bewegung mit Sitz in Rom, die alle Religionen vereinen will (Offb. 17:2, 15, 18).

- Die Gründung einer jungen Weltregierung in Form der Vereinten Nationen (Offb. 13:7).

- Die Rückkehr des Römischen Reiches im Jahr 1948 in Form der 10 Nationen umfassenden Westeuropäischen Union, die heute als Europäische Interventionsinitiative (EI2) bezeichnet wird (Dan. 7:24; Offb. 17:12).

Aber es gibt noch ein weiteres Zeichen, das beweist, daß unsere Welt am Rande der Tribulation steht, und es ist eines der überzeugendsten von allen. Es ist die explosionsartige Zunahme von Reisen und Wissen, die um die Jahrhundertwende begann, ein Phänomen, das Daniel vor über 2500 Jahren vorausgesagt hat!

Bedenken Sie Folgendes. Um 1900 war die menschliche Gesellschaft kaum mehr als eine Ansammlung weit verstreuter Enklaven, die durch Telegrafendrähte, vom Winde verwehte Schiffe und von Pferden gezogene Kutschen kaum zusammengehalten wurden. Heute sind wir ein "globales Dorf", das von endlosen Autobahnen, Hochgeschwindigkeitszügen, Düsenflugzeugen, Satelliten, Fernsehen, Radio, Internet, Handys, Supercomputern und Drohnen beherrscht wird. Jeder ist jetzt mit jedem anderen verbunden, auf Knopfdruck.

Im Jahr 1899 sagte Charles H. Duell, Kommissar des US-Patentamtes, bekanntermaßen: "Alles, was erfunden werden kann, ist erfunden worden". Damit lag er spektakulär falsch. Zu dieser Zeit verdoppelte sich das Wissen der Menschheit jedes Jahrhundert. Heute jedoch verdoppelt sich unser Wissen alle 13 Monate, und manche glauben, daß es sich bald alle 12 Stunden verdoppeln wird, wenn das Internet erst einmal voll ausgebaut ist.

Der Prophet Daniel hat diese Beschleunigung der Technologie bereits vor über 2500 Jahren vorausgesagt:

> **Daniel 12:4** (KJV) - Du aber, Daniel, verschließe die Worte und versiegle das Buch bis zur **Zeit des Endes**: **Viele werden hin- und herlaufen**, und die **Erkenntnis wird zunehmen**.

> **Daniel 12:4** (TLB) - Aber Daniel, halte diese Prophezeiung geheim; versiegle sie, damit sie nicht verstanden wird bis zur **Endzeit**, wenn das **Reisen** und die **Bildung** [das Wissen] **stark zunehmen werden!**

Beachten Sie, daß die Zunahme von "Reisen" und "Wissen" direkt mit der "Zeit des Endes" verknüpft ist. Das bedeutet, daß die erstaunliche Explosion in Wissenschaft, Technologie und Transportwesen, die unseren Planeten seit dem Zweiten Weltkrieg beherrscht, *nicht* vor der Ankunft der letzten Generation *stattfinden konnte*. Doch wir haben dieses Phänomen mit eigenen Augen gesehen. Und das bedeutet, daß Sie und ich in sowohl spannenden als auch ungewissen Zeiten leben.

Bedenken Sie folgende Tatsache: Die heutige Erdbevölkerung ist die allererste Generation, die unvergleichliche Technologien erlebt, wie diese:

- Künstliche Intelligenz, die besser denken kann als jeder Mensch

- Laser, Computer und Videoaufzeichnungsgeräte

- Mit Waffen, Kameras, Raketen und GPS ausgestattete Drohnen

- Mechanische Exo-Skelette, die menschliche Truppen in "Terminatoren" verwandeln können

- Roboterpferde, -schlangen, -haie, -hunde, -insekten und andere "Tiere", die speziell für Polizei- und Militäreinsätze entwickelt wurden

- Massenvernichtungswaffen, darunter Atombomben, chemische Stoffe und biologische Krankheitserreger - genau das, was man braucht, um "Sterne fallen", "den Himmel aufrollen", "Wunden aufbrechen" und "ein Drittel der Vegetation der Erde verbrennen" zu lassen.

- Satellitenfernsehen und Internet, die es zum ersten Mal in der Geschichte ermöglichen, die Leichen der beiden Zeugen, die tot auf den Straßen Jerusalems liegen (Offb. 11:9), sowie die frevelhaften Handlungen des Antichristen im Allerheiligsten (Mt. 24:15-16) sofort und weltweit zu verfolgen.

- RFID-Chips, biometrische Scanner und re-kombinierbare DNA - genau die Elemente, die wahrscheinlich das Zeichen der Bestie ausmachen und Millionen von Menschen in die Hölle verdammen werden.

Aber es gibt noch mehr...

DIE PROPHETISCHE WISSENSEXPLOSION

Zusätzlich zu den beispiellosen Fortschritten in der Technologie der Menschheit (von denen ein großer Teil zur Erfüllung der für die Apokalypse prophezeiten Ereignisse eingesetzt werden wird), sind viele Theologen der Meinung, daß dieselben Schriftstellen auch auf eine erstaunliche Zunahme unseres Verständnisses der **biblischen Prophezeiungen** gegen Ende des Zeitalters hinweisen.

Nach dieser Auffassung wird die Fähigkeit der Kirche, bestimmte Passagen zu entschlüsseln und alle Punkte in Daniel und der Apokalypse miteinander zu verbinden, mit dem Herannahen der Tribulation plötzlich und dramatisch zunehmen. Durch die Gnade Gottes werden die Studenten der Prophetie endlich in der Lage sein, die Zeichen und Aussagen zu entschlüsseln und miteinander in Beziehung zu setzen, die sich lange Zeit den besten Bemühungen der Kirche entzogen haben.

Ich stimme folgender Einschätzung zu, und zwar aus diesem Grund: Mindestens vier alttestamentliche Propheten, darunter Daniel, sagten, daß genau dies geschehen würde, wenn die "Zeit der Prüfung" näher rückt:

- **Jeremia 23:20** - **Der Zorn des HERRN** wird sich nicht wenden, bis er die Gedanken seines Herzens ausgeführt und verwirklicht hat. **In der Endzeit werdet ihr es genau verstehen.**

- **Joel 3:1** - Und **danach** werde ich meinen Geist über alles Fleisch ausgießen, und **eure Söhne und Töchter werden** weissagen, und eure Alten werden Träume haben, und eure jungen Männer werden Gesichte sehen;

- Amos 3:7 - Gott, der Herr, tut nichts, **es sei denn, er offenbart sein Geheimnis seinen Knechten, den Propheten.**

- **Daniel 12:9-10** - Und er sprach: Geh hin, Daniel; denn die Worte sind verschlossen und versiegelt bis **zur Zeit des Endes.** Viele werden geläutert und weiß gemacht und geprüft werden; aber die Gottlosen werden Unrecht tun; und keiner von den Gottlosen wird es verstehen; aber **die Weisen werden es verstehen.**

In Erfüllung dieser Vorhersagen hat sich der prophetische IQ der Kirche in den letzten sieben Jahrzehnten stärker erhöht als zu jedem anderen Zeitpunkt seit den Tagen der Apostel. Im Jahr 2019 weiß die moderne Kirche mehr über die Hauptakteure und Ereignisse der Apokalypse als jede vorherige Generation von Gläubigen.

Zum Beispiel wissen wir jetzt (mit einem sehr hohen Maß an Vertrauen), daß:

- Das vierte Reich Daniels das Reich Roms ist.

- Die Hure von Babylon die Stadt Rom ist.

- Der Antichrist ein römischer (italienischer) Friedensvermittler sein wird.

- Die sieben Köpfe des Tieres stehen für die römischen Kaiser Augustus, Tiberius, Caligula, Claudius, Nero, Domitian und Romulus Augustus.

- Die zehn Hörner des Tieres sind zehn "Könige" aus dem wiederbelebten Römischen Reich (der Europäischen Interventionsinitiative) und umfassen wahrscheinlich die Staatschefs von Frankreich, Belgien, Luxemburg, den

Niederlanden, Spanien, Portugal, Griechenland, Großbritannien, Deutschland und Italien. [63]

- "Gog" ist ein anderer Name für den Antichristen (in Hesekiel 38), und sein "Krieg" ist Harmageddon.

- Der endgültige Countdown begann 1948, als Israel als Nation zurückkehrte und das Römische Reich in Form der Westeuropäischen Union (heute "EI2") wieder auftauchte.

- Der Vatikan ist der religiöse Aspekt von "Babylon". Er ist auch das Zentrum des Ökumenismus und wird dem Falschen Propheten dabei helfen, die Massen dazu zu bringen, den Antichristen zu umarmen.

- Die Verdorbenheit und die Übertretungen des Menschen haben sich schließlich "voll entfaltet". [64]

EINE KURZE GESCHICHTE DER ZEIT

Bis ins 20. Jahrhundert waren die Prophezeiungen der Offenbarung und des Buches Daniel Theologen und Seminaristen vorbehalten. Nur wenige Menschen interessierten sich dafür, was die Bibel über Harmageddon und die Gerichtsurteile der Tribulationszeit zu sagen hatte. Den meisten Menschen war klar, daß weder die technischen noch die politischen Voraussetzungen für die Erfüllung der Prophezeiungen der Apokalypse gegeben waren. Bezeichnenderweise waren die Juden noch nicht wieder in ihrer alten Heimat angesiedelt, und Geräte, die die Menschheit vom Angesicht der Erde tilgen konnten, waren noch nicht erfunden worden.

---

[63] Bei diesen Ländern handelte es sich um die zehn vollwertigen Mitglieder der ursprünglichen Westeuropäischen Union (WEU). Im Jahr 2018 wurde die WEU in Form der Europäischen Interventionsinitiative (EI2) wiederbelebt, einem Militärbündnis, das (meiner Meinung nach) die Harmageddon-Kampagne des Antichristen gemäß Offenbarung 17:13-14 durchführen wird. Bitte lesen Sie mein Buch *Empire of the Antichrist* (2020).

[64] Zum ersten Mal in der Geschichte wird unsere Welt von den abscheulichsten Sünden heimgesucht, die je im Herzen eines Menschen erdacht wurden. Dazu gehören so ungeheuerliche Verbrechen wie Sexhandel, terroristische Massaker, Pädophilie und Abtreibung bis zur Geburt.

Dann kam 1948 und die Wiedergeburt Israels, zusammen mit dem Aufkommen von Atomwaffen, ICBMs (Inter-Continental Ballistic Missiles), Computern, Fernsehen und Überschallflugzeugen. Damit stieg auch das Interesse der Öffentlichkeit an biblischen Prophezeiungen sprunghaft an. Sowohl Theologen als auch Laien verstanden die Bedeutung der Wiederherstellung Israels und das Aufkommen noch nie dagewesener Technologien: Es bedeutete, daß die Apokalypse nun unausweichlich war. Es bedeutete, daß sich unser Planet endgültig auf einen Kurs begeben hatte, der unweigerlich zum Harmageddon führen würde.

Daraufhin begannen eine Reihe von Predigern zu lehren, daß die Zeit für unsere Welt abläuft. Die Menschen in ganz Amerika verfolgten diese Predigten mit gespannter Aufmerksamkeit und versuchten ihr Bestes, um alle Einzelheiten zu verstehen. Aber die komplexen Zusammenhänge waren oft schwer zu verdauen.

In dem Bemühen, die fehlenden Teile zu ergänzen, suchten viele Christen in ihren örtlichen Bibliotheken nach detaillierten Erklärungen zu Daniel und der Offenbarung. Aber die Zahl der leicht zugänglichen Bücher über biblische Prophetie war ausgesprochen dürftig. Bei den meisten Titeln handelte es sich um lange und schwierige Abhandlungen. Andere waren einführende Broschüren, die zu wenig Details enthielten, um den Wissensdurst der Menschen zu stillen.

All das änderte sich jedoch 1970, als ein bis dahin unbekannter Autor namens Hal Lindsey sein bahnbrechendes Werk *The Late, Great Planet Earth* veröffentlichte. Lindseys Genialität bestand nicht darin, daß er eine neue "Offenbarung Gottes" über die Endzeit entdeckt hatte, sondern darin, daß es ihm gelang, die schwierigsten Passagen und Konzepte der Offenbarung leicht verständlich zu machen. Er tat dies, indem er einen konversationellen Ton anschlug, gepaart mit einer klaren und gründlichen Analyse, die es den Menschen ermöglichte, die Apokalypse mit größerer Leichtigkeit als je zuvor zu begreifen und zu diskutieren. Von da an stieg die Zahl der populären Bücher über biblische Prophezeiungen sprunghaft an.

Heute verschlingt ein bedeutender Teil der Christen buchstäblich jede verfügbare Information über die Endzeit, und talentierte (von Gott gesalbte) Autoren bringen viele neue und aufregende Beobachtungen ans Licht. Sie liefern uns Antworten und Einsichten, die niemand je für möglich gehalten hätte.

Diese Ausweitung des Endzeitwissens spiegelt sich auch in der Zahl der Dienste, Seminare und Konferenzen wider, die sich mit biblischer Prophetie befassen. Die Zahl der Teilnehmer an diesen Veranstaltungen hat in der Tat einen neuen Höchststand erreicht. Allein in diesem Jahr, 2019, haben in Amerika mehr als zwei Dutzend große Gipfeltreffen zum Thema biblischer Prophetie stattgefunden, und in fast jedem Fall hat die Veranstaltung Hunderte (wenn nicht Tausende) von Christen aus dem ganzen Land angezogen. Dieses große Interesse und die Menge an neuen Informationen und Erkenntnissen, die für ein solches Phänomen notwendig sind, zeigen, daß Gott dabei ist, sein Versprechen einzulösen, die Details und die Bedeutung von Daniel und der Apokalypse zu offenbaren, während der letzte Countdown sich dem Ende zuneigt.

SCHLUSSFOLGERUNG

Die beispiellose Zunahme von Reisen und menschlichem Wissen in den letzten siebzig Jahren sowie die zunehmende Fähigkeit der Kirche, durch die Gnade Gottes Dutzende von zuvor unzugänglichen prophetischen Geheimnissen zu entschlüsseln, sagen uns, daß wir am Ende des Zeitalters stehen. Wenn wir nicht an der Schwelle zur Tribulation stehen, dann hat Prophetie keine Bedeutung.

Aber Prophetie hat eine Bedeutung! Und die Erfüllung von Daniel 12:4 - die plötzliche und überwältigende Zunahme der Wissenschaftlichen Kenntnisse der Menschheit, zusammen mit der neu gefundenen Fähigkeit der Kirche, das prophetische Wort zu verstehen - beweist, daß wir an der Schwelle zur Wiederkunft Christi stehen.

Der Engel war deutlich, als er sagte, daß diejenigen, die weise sind, diese Dinge sehen und erkennen werden, was sie andeuten:

Daniel 12:9-10 - Und er sprach: Gehe hin, Daniel; denn die Worte sind verschlossen und versiegelt bis zur **Zeit des Endes**... Keiner der Gottlosen wird verstehen, aber **die Weisen werden verstehen**.

Nehmen wir uns also das prophetische Wort Gottes zu Herzen und bringen wir in Erwartung der baldigen Wiederkunft Christi für die Kirche unser Haus in Ordnung. Dann, nachdem wir uns dem Herrn neu geweiht haben, lasst uns die Frohe Botschaft von der wunderbaren Gabe Christi in eine verlorene und sterbende Welt tragen, solange noch Zeit dafür ist. Auf diese Weise werden wir uns als "weise" zeigen und als "würdig erachtet werden, all dem zu entgehen, was geschehen wird, und vor dem Menschensohn zu stehen" (Lk 21:36).

Kapitel 7

DER EINZIGE WEG ZUM VATER

NACH EINIGEN jüngsten Umfragen glauben viele Christen, daß es neben dem biblischen Weg der einfachen Reue und des festen Glaubens an Christus noch andere Wege zum Vater gibt. So unglaublich es auch erscheinen mag, etwa 70 % der Evangelikalen sind der Meinung, daß andere Traditionen - Religionen, die auf guten Taten und alten Ritualen beruhen - die Macht haben, einen Menschen am Tag des Jüngsten Gerichts zu retten.

Der Katholizismus ist ein typisches Beispiel dafür. Niemand kann leugnen, daß die Katholiken zu den standhaftesten Mitgliedern der Gesellschaft gehören. Sie haben eine tiefe Liebe zur Familie und setzen sich für den Schutz des ungeborenen Lebens ein. Die von ihnen geleiteten Wohltätigkeitsorganisationen sind weltweit dafür bekannt, den Armen zu helfen und die Ausgestoßenen zu schützen. Einige der größten Führungspersönlichkeiten der Gesellschaft sind Katholiken, und die Beiträge der Katholiken zum Aufbau Amerikas sind legendär. Wir schulden ihnen unsere tiefste Liebe und unseren Respekt.

Viele Evangelikale glauben jedoch heute, daß Katholiken *einfach deshalb* gerettet sind, *weil* sie die Jungfrauengeburt, die Gottheit Jesu und die Blutsühne am Kreuz anerkennen. Diejenigen, die dieser Auffassung anhängen, scheinen zu vergessen, daß die katholische Lehre diese Grundlagen noch ergänzt, indem sie eine Fülle von "guten Werken" vorschreibt und damit die Macht des Kreuzes *allein* leugnet, die uns vor Gott vollkommen annehmbar macht. Nach Ansicht des Vatikans wird man nicht allein dadurch gerettet, daß man Buße tut und auf Jesus vertraut. Stattdessen muss man sich auch der Kirche von Rom anschließen und an verschiedenen Formen von "guten Werken" teilnehmen. Dazu gehören Dinge wie die Beichte, die Buße, die

Kommunion, der Besuch der Messe, der Gang durch das Fegefeuer, das Beten zu "Heiligen", der Gehorsam gegenüber dem Papst und die Bitte an "Maria" um die Vergebung der Sünden.

Eine andere Denkschule lehrt, daß praktizierende Juden in gutem Verhältnis zu Gott stehen, weil Jesus sich ihnen nicht als ihr Messias vorgestellt hat. Daher, so wird argumentiert, stehen die Juden immer noch unter dem alttestamentlichen System der guten Taten, Rituale und ethischen Verhaltensweisen. Solange sie diese Bräuche aufrichtig befolgen, werden sie am Tag des Jüngsten Gerichts gerettet werden.

Lassen Sie mich zunächst sagen, daß das jüdische Volk der einzige Grund dafür ist, daß jemand von uns am Tag des Gerichts gerettet werden wird. Dank der Juden und ihrer Bereitschaft, unsägliches Leid (über Jahrhunderte) zu ertragen, haben wir die Bibel, die Propheten und den Erlöser. Wie Jesus einmal sagte, kommt das Heil von den Juden (Johannes 4:22). Ihr Beitrag zur Verbesserung der Menschheit ist nahezu grenzenlos, und was wir ihnen schulden, kann niemals vollständig zurückgezahlt werden. Wir müssen sie lieben und respektieren und immer daran denken, daß sie Gottes besonderes Volk sind.

Gleichzeitig können wir jedoch nicht die Schriften ignorieren, die eindeutig besagen, daß Jesus sich tatsächlich als ihr Messias vorgestellt hat (Mt. 26:63-64; Lk. 4:17-29) und daß sein Tod und seine Auferstehung das alte mosaische System machtlos machen, jemanden zu retten (Mt. 5:20; Röm. 3:20; Gal. 2:16, 21). Daher kann kein Mensch durch seine eigene Rechtschaffenheit, Ethik oder das Festhalten an Zeremonien gerettet werden.

Das Tragische an all dem ist nicht, daß so viele Evangelikale plötzlich das Evangelium vergessen haben, sondern daß wir einfach den Mut verloren haben, es zu verkünden. Wir haben Angst, Katholiken und Juden vor den Kopf zu stoßen, und so haben wir die Frohe Botschaft kompromittiert und genau die Gelegenheit und Plattform verpasst, die Gott uns gegeben hat, um diese wertvollen Menschen zu erreichen.

Mir ist klar, daß man immer ein wenig zögert, wenn man vor einem Menschen eines anderen Glaubens Zeugnis ablegt. Viele Nichtchristen schrecken instinktiv vor jedem zurück, der versucht, ihnen das Evangelium zu bringen, weil sie in der Vergangenheit unter den Händen derer gelitten haben, die sich selbst als Anhänger Christi bezeichnen. Wir Christen neigen daher dazu, das Thema zu vermeiden, wenn wir unter unseren katholischen und jüdischen Nachbarn sind. Es ist zu aufrührend, wir wollen nicht zurückgewiesen werden, und wir fühlen uns ein wenig schuldig für das, was andere so genannte "Christen" diesen Menschen angetan haben. Ich verstehe die Situation vollkommen.

Aber zuzulassen, daß zig Millionen Menschen weiterhin glauben, sie seien auf dem Weg in den Himmel, während sie in Wirklichkeit auf dem Boulevard zur Hölle sind, ist keine Liebe. Es ist eine Pflichtvergessenheit. Und es wird zu Konsequenzen führen, die weit schlimmer sind als alles, was Katholiken und Juden bisher ertragen mussten.

Lassen Sie mich den Leser fragen: Kann jemand, der den Namen Marias anruft, erwarten, vor dem Jüngsten Gericht gerettet zu werden? Kann die Wiederholung auswendig gelernter Gebete oder die Verrichtung von einem Dutzend Bußhandlungen die Blutsühne Christi aufwiegen? Kann sich jemand auf seine Herkunft, Rasse oder ethnische Gruppe berufen und damit behaupten, vor Gott schuldlos zu sein? Wäscht der Ritus der Beschneidung oder das Bar Mizwa eines jungen Mannes den Makel der Sünde weg? Ist Gott erfreut, wenn ein Mensch ständig zu toten "Heiligen" und Statuen betet oder wenn er ständig leugnet, daß das Blut Jesu die einzige akzeptable Bezahlung für die Vergebung der Sünden ist?

Die Bibel hat diese Fragen schon vor zweitausend Jahren beantwortet:

> **Johannes 14:6** - Ich bin der Weg, die Wahrheit und das Leben; niemand kommt zum Vater denn durch mich.

Apostelgeschichte 4:12 - Und in keinem anderen ist das Heil; denn es ist kein anderer Name unter dem Himmel den Menschen gegeben, durch den wir gerettet werden sollen.

Matthäus 3:9 - Und denkt nicht daran, bei euch selbst zu sagen: Wir haben Abraham zum Vater; denn ich sage euch: Gott vermag dem Abraham aus diesen Steinen Kinder zu erwecken!

Mose 20:4-6 - Du sollst dir kein Bildnis noch irgendein Gleichnis machen *von irgend etwas,* das oben im Himmel oder unten auf Erden oder im Wasser unter der Erde ist: Denn ich, der Herr, dein Gott, *bin* ein eifernder Gott, der die Schuld der Väter heimsucht an den Kindern bis ins dritte und vierte *Glied* derer, die mich hassen, und Barmherzigkeit übt an Tausenden, die mich lieben und meine Gebote halten.

Im Klartext: Es ist unmöglich, vor dem Jüngsten Gericht gerettet zu werden, wenn man nicht wahre Reue und einen festen Glauben an Jesus Christus hat. Wenn die Bücher im Himmel geöffnet werden und die Sünden eines Menschen aufgedeckt werden, kann er (oder sie) nicht den Namen eines Papstes, eines Heiligen oder den von Moses oder Maria anrufen und erwarten, vor Gottes Zorn gerettet zu werden. Wir können nicht erwarten, daß unsere "guten Taten" oder die Tatsache, daß wir zu Gottes "auserwähltem Volk" gehören, für unsere Übertretungen bezahlen. Gott hat bereits erklärt, daß unser "ethisches Verhalten" und unsere "guten Taten" im Hinblick auf die Feststellung unserer Schuld oder Unschuld beim Großen Weißen Throngericht wie *schmutzige Lumpen* zählen werden (Jes. 64:6).

Um es noch einmal zu wiederholen: Nicht einmal das katholische Bekenntnis oder die jüdische Abstammung eines Menschen wird ihn retten. Petrus sagte einmal über die Fähigkeit eines Menschen, aufgrund seiner ethnischen Zugehörigkeit oder Religion gerettet zu werden: "In Wahrheit erkenne ich, daß Gott die Person nicht ansieht," (Apostelgeschichte 10:34).

Die Realität ist, daß die einzige Möglichkeit, die Strafe für das Brechen von Gottes Gesetz zu vermeiden - d. h. für Lügen, Stehlen, Betrügen, das Begehren von Dingen, die anderen gehören, die Entehrung unserer Eltern und die Entehrung Gottes - darin besteht, sich *jetzt* von der Sünde abzuwenden und Jesus zu folgen. Und wenn wir unsere jüdischen und katholischen Freunde, Mitarbeiter und Familienmitglieder wirklich lieben, werden wir ihnen diese Botschaft überbringen, auch wenn wir damit ihren Unmut riskieren.

Was bedeutet es, Jesus nachzufolgen? Es bedeutet, sich zu entscheiden, daß man nicht mehr sündigen will (man tut Buße). Und darauf muss die Entscheidung folgen, für den Herrn zu leben (eine Person stellt ihren Glauben unter Beweis). Wie leben wir für den Herrn? Indem wir einfach den neuen Wünschen folgen, die Gott in unser Herz legt, sobald wir uns ihm hingeben (Hes. 36:26; Phil. 2:13). Wir lesen die Bibel und tun, was sie sagt, und vertrauen dabei immer auf nichts anderes als auf das Werk Jesu am Kreuz, das uns retten wird. Dann beobachten wir, wie der Heilige Geist "gute Frucht" in unserem Leben hervorbringt, die Frucht der "Liebe, der Freude, des Friedens, der Geduld, der Freundlichkeit, der Güte, der Treue, der Sanftmut und der Selbstbeherrschung" (Gal 5,22-23; NIV). Wir achten auch auf die Frucht der geretteten Seelen, wenn wir den Menschen Zeugnis geben und die Gute Nachricht verbreiten (Johannes 4:35). Wir sehen einen starken Rückgang der Sünde in unserem persönlichen Leben und eine bemerkenswerte Zunahme der Reinheit - *nicht* aus eigener Kraft, sondern weil der Heilige Geist uns erneuert und eine neue Kreatur in uns schafft, eine, die *von Natur aus* die Sünde aufgeben und die Gerechtigkeit annehmen *will*.

Ich bete dafür, daß alle guten Christen zum Evangelium zurückkehren und es ohne Rücksicht auf den religiösen Hintergrund oder die ethnische Zugehörigkeit einer Person predigen. Wir dürfen keine "Ausnahmen" für bestimmte Religionen schaffen oder Ausreden dafür finden, daß wir Katholiken und Juden kein Zeugnis geben. *Alle* Menschen müssen die Gute Nachricht von der Erlösung durch Christus hören. Und das schließt alle Katholiken, Juden, Muslime, Mormonen, Buddhisten, Hindus, Wiccans, Atheisten, Heiden, Mitglieder der Wachtturm-Gesellschaft und sogar einige Evangelikale ein. Wir dürfen nie vergessen, daß wir manchmal die einzige Person sind, die diesen kostbaren Seelen das Evangelium verkündet, bevor sie in die Ewigkeit gehen.

Gott gebe uns die Kraft, das Wort zu verkünden, sowohl zur richtigen Zeit als auch außerhalb der richtigen Zeit, und es ohne Furcht oder Gunst zu predigen. Es steht unendlich viel auf dem Spiel...und unwiderruflich.

NACHWORT

ERLAUBEN SIE MIR, dem Herrn meine tiefste Dankbarkeit für meine Errettung und für seine zahlreichen Segnungen auszudrücken. Seine Führung und Unterstützung während dieses Projekts waren absolut erstaunlich - und ziemlich demütigend.

Ich möchte auch den zahllosen Pfarrern, Wissenschaftlern und Autoren danken, die mir den Weg geebnet haben, indem sie Laien (wie mir) über Medien wie Bücher, Videos und Live-Predigten Zugang zu ihren Forschungen und Schlussfolgerungen verschafften. Ihre Werke sind wertvoll.

Ich danke dem Leser, daß er sich die Zeit genommen hat, diese kurze Sammlung von Gedanken zu lesen. Ich hoffe, sie wird Sie in irgendeiner Weise segnen und Ihnen helfen, Christus näher zu kommen.

Bitte haben Sie Verständnis dafür, daß dieses Buch voraussetzt, daß der Leser mit den Grundlagen der biblischen Prophetie vertraut ist. *Der Islamische Antichrist-Mythos* ist nicht dazu gedacht, einen breiten Überblick über die Endzeit zu geben. Es soll eine bestimmte eschatologische Theorie widerlegen, nämlich den Irrglauben, daß der Antichrist ein Muslim sein wird. Nichtsdestotrotz habe ich versucht, den Leser zu leiten (wo es angebracht ist), indem ich klargestellt habe, wie die in diesem Werk vorgestellten Konzepte in das Gesamtbild der Propheten passen.

Erlauben Sie mir, mit diesen Gedanken im Hinterkopf kurz meinen Ansatz zur Chronologie der biblischen Prophetie darzulegen:

- Futurist - Die überwiegende Mehrheit der Ereignisse in Offenbarung 4-22 sind noch in der Zukunft. Sie haben sich weder während des jüdischen Aufstands im Jahr 70 n. Chr. erfüllt, noch sind sie eine bloße Allegorie auf den Kampf zwischen Gut und Böse.

- **Prätribulativ** - Die Entrückung wird stattfinden, bevor die Tribulation beginnt. Christus wird seine Gemeinde abholen und sie in den Himmel holen, bevor die 70ste Woche von Daniel beginnt (bevor der Vertrag von Daniel 9:27 unterzeichnet wird.) Außerdem steht die Entrückung "unmittelbar bevor", d.h. sie kann jeden Moment stattfinden. Es gibt keine prophetischen Zeichen, die ihr vorausgehen müssen.

- Vor der Jahrtausendwende - Christus wird physisch auf die Erde zurückkehren, bevor seine eintausendjährige Herrschaft von Jerusalem aus beginnt.

- **Dispensational** - Im Laufe der Geschichte wurden die Menschen immer gerechtfertigt, indem sie sich von der Sünde abwandten (Buße taten) und Gottes Geboten gehorchten (Glauben zeigten). Aber Gott hat die Geschichte in sieben Epochen oder Dispensationen unterteilt und in jeder festgelegt, wie die Menschen ihren Glauben zu diesem Zeitpunkt zum Ausdruck bringen sollen. Zu diesen Epochen gehören: Unschuld, Gewissen, menschliche Regierung, Verheißung, Gesetz, Gnade und das Königreich. Gegenwärtig befinden wir uns in der Epoche der Gnade.

Darüber hinaus sollten wir uns bei der Lektüre dieser Studie immer daran erinnern, daß der Held der Prophezeiung Jesus von Nazareth ist. Er allein ist derjenige, der die Menschheit von der ewigen Zerstörung erlöst. Er ist daher der Mittelpunkt und die Erfüllung von Gottes prophetischem Wort, eine Tatsache, aus der sich mindestens zwei sehr wichtige Prinzipien ergeben:

- **Prophetie ist Christus-zentriert** - Die Bibel erklärt wiederholt, daß Jesus Christus das Zentrum und die Fülle der Prophetie ist. Folglich dreht sich das prophetische Wort immer um eines von zwei Dingen: Jesu erster Advent und das Kreuz oder Jesu zweiter Advent und Harmageddon (und damit das Tausendjährige Reich). Von allen Konzepten, die unser

Studium der Eschatologie leiten, ist dies bei weitem das wichtigste. Die Prophetie konzentriert sich auf Christus:

> **Johannes 5:39** (NKJV) - Ihr forscht in der Schrift, denn in ihr glaubt ihr das ewige Leben zu haben; und sie sind es, die von mir Zeugnis geben.
>
> **Apostelgeschichte 3:20-21** - Und er wird Jesus Christus senden, ... den Gott durch den Mund aller seiner heiligen Propheten von alters her geredet hat.

- **Prophezeiungen finden im Kontext Israels statt** - Unmittelbar unter dem ersten Prinzip steht eine Folgerung: Die Prophezeiungen der Heiligen Schrift entfalten sich immer im Kontext von Israel und den Juden. Ohne die Juden gibt es keine Propheten, keine Bibel und keinen Messias. In der Tat ist es der Bereitschaft des jüdischen Volkes zu verdanken, unsägliches Leid und Kummer zu ertragen - über Jahrhunderte hinweg -, daß wir eine Chance haben, dem Gericht zu entgehen. Wie der Apostel Johannes einmal sagte: "Das Heil ist aus den Juden" (Joh. 4:22). Aus diesen Gründen werden das Land und das Volk Israel immer im Mittelpunkt der biblischen Prophezeiung stehen. Sie sind Gottes besondere Kinder, und weder die Kirche noch irgendjemand anders wird sie ersetzen können.

Dementsprechend konzentriert sich die Eschatologie immer auf die Geografie, die Kultur, die Ereignisse, die Politik, die Strapazen, die Siege, die Wunder und das Volk Israel und entfaltet sich in ihnen:

> **Römer 9:3-5** - [M]eine Verwandten nach dem Fleisch, die Israeliten, denen die Sohnschaft, die Herrlichkeit, die Bündnisse, die Gesetzgebung, der Dienst *Gottes* und die Verheißungen *zukommen*.

Die Auswirkungen der beiden oben genannten Prinzipien sind folgende: Jede wichtige Prophezeiung der Heiligen Schrift ist an die Person Jesu Christi und seine Mission zur Rettung der

Menschheit und insbesondere an seine Mission zur Rettung des Volkes Israel geknüpft. Daher ist jede Analyse, die diesen entscheidenden Aspekt des prophetischen Wortes nicht einbezieht oder anerkennt, von Natur aus fehlerhaft.

Zum Abschluss dieses Abschnitts könnte es hilfreich sein, die "Auslegungsregeln" zu lesen, die auf Seite 142 beginnen. Dabei handelt es sich um zehn grundlegende Richtlinien, die uns helfen sollen, bei den verschiedenen Prophezeiungen und den damit verbundenen Erzählungen auf dem richtigen Weg zu bleiben. Wann immer die Diskussion dies erfordert, wird die entsprechende Regel zitiert, damit Sie meiner Argumentation folgen können (z. B. "Regel 2"). Der Abschnitt ist recht kurz und ich denke, Sie werden ihn sowohl faszinierend als auch informativ finden.

P.S. - Sie werden feststellen, daß ich in dieser Studie aus verschiedenen Bibelversionen zitiere. Manche mögen diese Praxis in Frage stellen, aber ich wollte sicherstellen, daß in jedem Fall die Absicht der ursprünglichen Worte so genau wie möglich wiedergegeben wurde. Leider gibt es in der englischen Sprache keine Version der Heiligen Schrift, die immer korrekt ist. In manchen Versionen werden Wörter hinzugefügt, in anderen gestrichen, und in manchen werden sogar Wörter verändert. Ich bemühe mich daher, die Version zu verwenden, die meiner Meinung nach dem hebräischen und griechischen Original am nächsten kommt und die wesentliche Bedeutung des Verses, den ich zitiere, bewahrt. Mein Ziel ist es, genau zu sein.

ANHANG A

AUSLEGUNGSREGELN

JEDER ERNSTHAFTE FORSCHER weiß, daß man zunächst einige grundlegende Annahmen und Interpretationsregeln aufstellen muss, um Datenmengen in Beziehung zu setzen und ihnen einen Sinn zu geben. Das liegt daran, daß unsere Regeln und Annahmen den logischen Rahmen bilden, an den wir unsere Daten knüpfen und vernünftige Theorien und Schlussfolgerungen aufbauen können.

Das gilt unabhängig davon, ob man sich mit Archäologie, Astrophysik, Tatortanalyse oder biblischer Prophetie befasst. Unsere Auslegungsregeln bestimmen, ob wir das Rätsel lösen oder uns weiter im Kreis drehen.

Ich habe daher eine Reihe von Grundregeln für diese Studie zusammengestellt und sie im Folgenden aufgeführt. Ich denke, die meisten Ausleger werden zustimmen, daß sie sowohl nützlich als auch vernünftig sind, denn Studenten der Prophetie wenden diese Richtlinien seit Jahrzehnten an. Der Schlüssel ist, sie mit Disziplin anzuwenden. Wenn wir die Schätze, die Gott in der Prophetie verborgen hat, wirklich heben wollen, müssen wir uns so genau wie möglich an diese Regeln halten.

Dementsprechend werde ich immer dann, wenn es die Diskussion erfordert, die entsprechende Regel zitieren, damit Sie meiner Argumentation folgen können. Ich denke, Sie werden diesen Abschnitt sowohl faszinierend als auch informativ finden.

1. Wenn der einfache Sinn Sinn macht, suche keinen anderen Sinn.

   o Dieses Prinzip wurde von Dr. David L. Cooper von der Biblical Research Society in den frühen 1900er Jahren geprägt. Die vollständige Hermeneutik lautet: "**Wenn der eindeutige Sinn der Schrift einen gesunden Menschenverstand ergibt, dann suche keinen anderen Sinn**; nimm daher jedes Wort in seiner primären, gewöhnlichen, gewohnten, wörtlichen Bedeutung, es sei denn, die Fakten des unmittelbaren Kontextes, die im Licht verwandter Passagen und prinzipieller und grundlegender Wahrheiten untersucht werden, weisen eindeutig auf etwas anderes hin."

- Erlauben Sie mir, die Essenz dieser Aussage zu übersetzen: Wenn sich die Erzählung wie ein Nachrichtenbericht oder ein Augenzeugenbericht liest, dann nimm sie wie einen Nachrichtenbericht oder einen Augenzeugenbericht. Wenn der Text sagt: "Dies ist ein Gleichnis", dann nehmen Sie ihn als Gleichnis und finden Sie heraus, wofür jedes Symbol steht. (Normalerweise werden **die Symbole direkt im Text erklärt**. Wenn nicht, werden sie **an anderer Stelle in der Schrift** erklärt.)

  Wenn in einer Erzählung übertrieben wird, z. B. wenn eine Person sagt: "Ich bin so hungrig, ich könnte ein Pferd essen" oder "Er ist zehnmal klüger als ich", dann wissen wir, daß eine übertriebene Sprache verwendet wird, um eine Aussage zu unterstreichen. Wir brauchen den Satz nicht wörtlich zu nehmen. Wenn ein Prophet sagt, er sehe ein Zeichen oder eine Vision - entweder auf der Erde oder im Himmel -, dann wissen wir, daß dieses Zeichen oder diese Vision für etwas Reales steht. Unsere Aufgabe ist es dann, aus dem **umgebenden Text** oder aus einer **entsprechenden Stelle an anderer Stelle in der Schrift** zu bestimmen, was dieses "Etwas" ist.

2. *Die Auslegung* darf nicht umgedeutet werden.

    - Sobald ein Symbol im Text erklärt wird, kann diese Erklärung nicht von einem Ausleger umgedeutet werden, um etwas anderes zu bedeuten. Andernfalls ist die maßgebliche Definition (von Gott) ungültig und wir begeben uns sofort in die Irre. Das mag offensichtlich genug klingen, aber viele Ausleger ignorieren diese kritische Richtlinie und interpretieren dann genau die Definition, die in der Textstelle gegeben wird, neu. Die daraus resultierende Verwirrung hat zu unwiederbringlichen Fehlern geführt.

Obwohl beispielsweise der Text von Offenbarung 17 ausdrücklich besagt, daß die sieben Häupter in diesem Abschnitt sieben Könige darstellen, gehen viele Ausleger an dieser Definition vorbei und interpretieren die sieben *Könige* so um, daß sie sieben *Königreiche* bedeuten. Dieser eine Fehler (für sich allein) ist vielleicht das größte Hindernis für die Lösung der Geheimnisse der Apokalypse. **Wenn der Text eine ausdrückliche Definition enthält, müssen wir sie "so akzeptieren, wie sie ist". Wenn es keine zusätzlichen Aussagen in der Auslegung selbst gibt, dürfen wir diese Auslegung nicht ändern oder über sie hinausgehen**:

5. Moses 4:2 - Ihr sollt dem Wort, das ich euch gebiete, nichts hinzufügen und nichts davon wegnehmen, damit ihr die Gebote des Herrn, eures Gottes, die ich euch gebiete, haltet.

(Siehe auch Sprüche 30:5-6 und Offenbarung 22:18-19).

3. Zahlen haben in der Prophetie sowohl buchstäbliche als auch symbolische Bedeutung.

    o **Die Zahl 3** kann sich buchstäblich auf drei Punkte in einer Liste beziehen (z. B. die drei Wehen in Offenbarung 8.) Sie kann aber auch den **Anfang, die Mitte und das Ende einer Reihe** bezeichnen. Zum Beispiel bestehen Daniels "siebzig Wochen" (in Daniel 9) sicherlich aus siebzig Wochen (genauer gesagt, siebzig Jahrwochen). Aber die siebzig sind in drei Gruppen unterteilt, um die Anfangswochen (7), die mittleren Wochen (62) und die letzte Woche (1) anzuzeigen. (Siehe Tabelle unten.)

EIN KONSTRUKT AUS 3 ZUSAMMENHÄNGENDEN ELEMENTEN GIBT DEN CHRONOLOGISCHEN ANFANG, DIE MITTE UND DAS ENDE EINER REIHE AN

REIHE	ANFANG	MITTE	ENDE
Bibel	Genesis ("Anfänge")	Exodus - Judas	Offenbarung (Ende des Zeitalters)
Ernten in Israel[1]	Erstlingsfrüchte	Haupternte	Nachlese
Wiederherstellung von Israel[2]	Knochen	Fleisch	Atem
Das Buch der Offenbarung[3]	Bereits gesehene Dinge	Dinge, die sind	Dinge, die in Zukunft sein werden
70 Wochen von Daniel[4]	7 Wochen	62 Wochen	1 Woche
Tribulationsgericht	Siegel	Trompeten	Schalen
Die Cäsaren des antiken Roms[5]	5 Gefallen	1 Lebend	1 Kommend

Anmerkungen: 1 – 2.Mose 23:16 und Lev. 19:9-10
2 - Hes. 37:7-10
3 - Offb. 1:19
4 - Dan. 9:24-27
5 - Offb. 17:10

o **Die Zahl 7** steht für eine vollständige Gruppe oder eine ganze Menge. Das gilt selbst dann, wenn diese Menge mehr als sieben Bestandteile hat. Zum Beispiel sind die sieben Gemeinden der Offenbarung tatsächlich sieben buchstäbliche Gemeinden. Sie stehen aber auch für die Gesamtheit der Gemeinden, die von der Zeit des Johannes bis zur Entrückung existieren. Mit anderen Worten: Die sieben Gemeinden der Offenbarung decken das gesamte Kirchenzeitalter ab. Sie stehen tatsächlich für Zehntausende von Gemeinden, die sich über einen Zeitraum von 2000 Jahren erstrecken. Folglich drückt die Zahl 7 **Vollkommenheit oder eine vollständige Reihe aus.**

4. Gott baut Gebot auf Gebot.

o Gott ist nicht der Urheber der Verwirrung. Stattdessen legt er ein Muster oder einen Rahmen fest und fügt dann alle Einzelheiten zu diesem Rahmen auf progressive Weise hinzu. Zeile um Zeile, Vorschrift um Vorschrift, bis das gesamte Bild entstanden ist - **jedoch immer in Übereinstimmung mit dem ursprünglichen Muster** (Jes 28,10). Sobald das Muster oder der Rahmen festgelegt ist, müssen alle nachfolgenden Rahmen und Daten mit dem ursprünglichen Schema übereinstimmen. Und warum? Weil es einen festen Bezugspunkt *geben muss*, einen großen Überbau, damit alle Informationen einen Sinn ergeben. Dies ist der Schlüssel.

Dieser Grundsatz ist so grundlegend für die Auslegung des Wortes Gottes, daß er bereits im ersten Buch der Bibel erscheint. In 1. Mose 37:5-8 und 9-10 sagte Gott Joseph in zwei verschiedenen Träumen, daß seine Familie sich vor ihm verneigen würde. Die Symbole in den beiden Träumen waren *unterschiedlich* (Garben vs. Sterne), aber die Botschaft war in jedem Fall *identisch* (deine Familie wird deine Autorität anerkennen). Mose 41:1-7 und 41:25 sagte Gott dem Pharao in zwei verschiedenen Träumen, daß Ägypten sieben Jahre des Überflusses erleben würde, gefolgt von sieben Jahren der Hungersnot. Die Symbole in den beiden Träumen waren *unterschiedlich* (Kühe vs. Getreidehalme), aber die Botschaft war in jedem Fall *identisch* (sammle deine Güter ein, bevor der Fluch Gottes kommt).

Jeder, der schon einmal in einem Klassenzimmer gesessen hat, weiß, daß die besten Lehrer ihre Schüler genau so bei der Stange halten, wenn sie schwierige Konzepte vermitteln: Sie erstellen zunächst eine Gliederung und fügen dann alle Details, Konzepte und Analogien hinzu - aber immer in Übereinstimmung mit der ursprünglichen Gliederung. So lehren die besten Lehrer, und genau so entwickelt Gott die Wahrheiten in seinem Wort. Gliederung, Details, Untergliederungen, Wiederholung.

Wenn dieses Prinzip nicht in der DNA von Gottes prophetischem Wort enthalten wäre, wäre es unmöglich, die Punkte zuverlässig zu verbinden. Es würde Verwirrung herrschen... und Gott ist nicht der Urheber von Verwirrung.

5. Alle wichtigen Details müssen beachtet werden.

o Wenn es um die Auslegung von Prophezeiungen geht, gibt es keine partielle Anerkennung. Die Auslegung ist entweder richtig oder falsch. Die Details sind entweder alle berücksichtigt oder sie sind alle verdächtig. Das liegt daran, daß das Wort Gottes in jeder Hinsicht logisch, genau und vollständig ist... und deshalb **muss die "Linse" oder das "Prisma", durch die eine prophetische Passage interpretiert wird, ein Szenario ergeben, das ebenfalls in jeder Hinsicht logisch, genau und vollständig ist.** Wenn die Linse eines Auslegers (d.h. sein Auslegungsfilter oder Ausgangspunkt, durch den die Details analysiert werden) vier Komponenten einer Prophezeiung erklären kann, aber nicht die fünfte, dann stimmt etwas mit dieser Linse nicht. Ähnlich verhält es sich, wenn ein Ausleger einen wichtigen Hinweis ignoriert oder die Auslegung dieses Hinweises überdehnt, nur damit er in seine Theorie "passt", dann ist sein Szenario von Natur aus fehlerhaft. Es muss neu bewertet und, wenn nötig, verworfen werden.

Damit soll kein Ausleger oder seine Arbeit herabgesetzt werden. Alle aktuellen Auslegungen der Prophetie - meine eingeschlossen - beruhen auf dem gesammelten Wissen, der Forschung und den Hypothesen von Tausenden von unglaublich begabten Gelehrten und Pastoren, die vor ihnen kamen. Der Punkt ist einfach, daß wir ein Szenario auf der Grundlage seines Zusammenhaltes und seiner Fähigkeit, alle wichtigen Details zu erklären, beurteilen müssen. Andernfalls werden wir nie zu den richtigen Schlussfolgerungen kommen.

6. Es ist keine Raketenwissenschaft.

o Da Jesus den bescheidenen Gemeinden in Kleinasien befahl, die Prophezeiungen der Offenbarung zu studieren und zu entziffern, wissen wir, daß die richtige Auslegung dieser Prophezeiungen relativ einfach sein muss. Man **braucht keinen Abschluss in Theologie oder altertümliche Geschichte, um die verschiedenen Symbole zu erklären oder ihre Bedeutung zu verstehen.**

So konnte Jesus beispielsweise in weniger als drei Stunden *alle* alttestamentlichen Prophezeiungen erklären, die bewiesen, daß er der Messias war, als er mit zwei seiner Jünger auf der Straße nach Emmaus ging (siehe Lukas 24:13-35).

Auch die Menschen, aus denen sich die Gemeinden der Offenbarung zusammensetzten, waren einfache Bauern, Arbeiter, Kaufleute und Handwerker und keine Absolventen eines theologischen Seminars. (Obwohl ich sehr froh bin, daß es solche Seminare gibt!) Die ursprünglichen sieben Gemeinden, die über Kleinasien verstreut waren, waren mit den römischen Kaisern, ihrer eigenen nationalen Geschichte, den lokalen Kulten und der Heiligen Schrift vertraut, aber nicht viel mehr.

Daher ist jede Analyse, die sich auf neuartige Übersetzungen des Textes, raffiniert nuancierte Szenarien oder langatmige Abhandlungen stützt, wahrscheinlich falsch. Der Text der Bibel ist klar und prägnant, und deshalb sollte auch die

Erklärung der Prophezeiungen klar und prägnant sein. Der Prophet Daniel zum Beispiel sagte, daß die Auslegung seiner Prophezeiungen von der *Zeit* und dem *Glauben an Gottes Wort abhängen* würde, nicht vom akademischen IQ. (Konkret sagte Daniel, daß seine Prophezeiungen in den *letzten Tagen* von denen verstanden werden, die *geistlich weise* sind.)

Wenn wir also versuchen, die Geheimnisse von Daniel und Johannes zu entschlüsseln, ist es eine gute Faustregel, nach der einfachsten Antwort zu suchen, die alle Details erklären kann und sich dennoch an den biblischen Text hält. Wir sollten nicht sehr weit gehen müssen, um die Lösung zu finden.

[Auch hier soll die unschätzbare Arbeit derjenigen, die uns die Grundlagen der modernen Eschatologie geliefert haben, nicht geschmälert werden. Es ist einfach eine Möglichkeit, die Gültigkeit *jeder* Interpretation - einschließlich der meinen - zu beurteilen, indem man die Tatsache anerkennt, daß das Entschlüsseln von Prophezeiungen ein relativ einfaches Unterfangen sein sollte. Alles, was man braucht, ist eine gute Kenntnis des Wortes Gottes (2. Tim. 2:15) und eine echte Liebe zu Christus (Joh. 16:13)].

7. Propheten blicken nach vorn, nicht zurück.

o Jede der von Daniel und Johannes aufgezeichneten Erzählungen beginnt in dem Zeitrahmen, der zu dem Zeitpunkt existiert, an dem die Prophezeiung gegeben wird. Die Erzählungen gehen dann von diesem Punkt aus in die Zukunft; sie blicken nie zurück. Das liegt daran, daß sich die Prophetie naturgemäß nicht mit der Vergangenheit befasst, sondern mit dem, was in der Zukunft geschehen wird, wenn die Menschen sich weigern, die Sünde abzulegen und sich Gott zuzuwenden. Die einzige Ausnahme von dieser Regel besteht dann, wenn die Erzählung eine Vorgeschichte erfordert, und dann auch nur kurz.

So beginnen Daniel 2 und 7 ihre Erzählungen mit Babylon, weil die babylonischen Könige fest an der Macht waren, als Daniel diese Visionen erhielt. Daniel 8 beginnt mit einer Beschreibung des medo-persischen Reiches, denn die Meder bereiteten sich darauf vor, Babylon zu verdrängen, als diese Vision gegeben wurde. In ähnlicher Weise beginnt Offenbarung 12 mit den Aktivitäten des Römischen Reiches, denn das war das Reich, das an der Macht war, als Johannes die Apokalypse empfing.

8. Es wird in der Geschichte genau vier prophetische Reiche geben.

Der Prophet Daniel lehrte in den Versen 2:40 und 7:17, daß vom sechsten Jahrhundert v. Chr. bis zur Errichtung des Reiches Gottes auf Erden genau **vier Reiche** auf der Zeitachse der Prophezeiung entstehen würden:

Daniel 7:7 (GW) - Vier Königreiche... werden auf der Erde an die Macht kommen.

In Daniel 2 werden diese vier Reiche durch die **vier Bestandteile** einer Statue dargestellt, die dem babylonischen König Nebukadnezar im Traum erschien. Sie bestand aus einem Kopf aus Gold, Armen aus Silber, einem Bauch und Schenkeln aus Messing und Beinen aus Eisen (die eisernen Beine stehen für die erste Phase des endgültigen Reiches, die Füße aus Eisen und Ton für die zweite Phase desselben Reiches).

Die vier prophetischen Reiche erscheinen wieder in Daniel 7. Aber in diesem Fall werden sie durch **vier bösartige Tiere** dargestellt: einem geflügelten Löwen, einem schiefen Bären, einem vierköpfigen Leoparden und einem seltsamen Tier mit zehn Hörnern. (Das Tier selbst steht für die erste Phase des endgültigen Reiches; die Hörner des Tieres stehen für die zweite Phase).

Im Neuen Testament wird diese "Reichszählung" wiederholt. Sie spiegelt sich in den **vier Bestandteilen** eines schrecklichen Tieres wider, das in Offenbarung 13 erscheint. Die vier Bestandteile sind: der Körper eines Leoparden, die Füße eines Bären, das Maul eines Löwen und das Tier als Ganzes.

Obwohl die Bibel nie sagt, warum *gerade diese* vier Reiche auf der Liste stehen, kann man eine Vermutung anstellen. Offensichtlich liegt es daran, daß sie alle zwei einzigartige Merkmale gemeinsam haben.

Erstens hat jedes dieser Reiche - und nur diese Reiche - die souveräne Nation Judäa unterjocht. Und zweitens bedrohte jedes dieser Reiche - und nur diese Reiche - direkt die Linie des Messias, indem sie ihre Kräfte auf den Stamm Juda konzentrierten, die Linie, durch die Jesus kommen sollte, und so den gesamten Heilsplan bedrohten.

Wenn wir also weitergehen und versuchen, die Symbolik von Daniel und der Apokalypse zu erklären, müssen wir uns an den Rahmen von **genau vier Reichen** halten - nicht an fünf, sieben oder acht, wie manche meinen.

9. In der Apokalypse kann ein Symbol für mehrere Personen stehen.

    o   Während der Prophet Daniel mehrere Symbole verwendet, um ein einziges Wesen darzustellen - zum Beispiel verwendet er in Bezug auf Griechenland einen Torso aus Bronze (V. 2:32), einen vierköpfigen Leoparden (V. 7:6) und einen Bock mit einem großen Horn (V. 8:5) - **kehrt der Apostel Johannes diese Formel um und verwendet ein Symbol, um mehrere Wesen darzustellen.**

In Offenbarung 12 zum Beispiel repräsentiert der **Drache**:

- Den Geist des Antichristen - Satan (Offb. 12:9)
- Die Streitkräfte des Antichristen - eine kaiserliche Armee (Offb. 12:13-15)
- Die Person des Antichristen - Sieben Könige (Offb. 12:3, 17:10)

In Offenbarung 13 und 17 repräsentiert das **Tier aus dem Meer**:

- Den Geist des Antichristen - Satan (Offb. 17:3)
- Die Streitkräfte des Antichristen - eine kaiserliche Armee (Offb. 13:7)
- Die Person des Antichristen - der achte König (Offb. 13:18)

In Offenbarung 17 repräsentiert die **Hure Babylon** eine bestimmte Stadt, die:

- Eine religiöse Hauptstadt ist (Offb. 17:4-5, 16)
- Ein wirtschaftliches Kapital ist (Offb. 18)
- Ein politisches Kapital ist (Offb. 17:9-15)

Traditionell haben die Ausleger versucht, jedes dieser Symbole einer einzigen Einheit zuzuordnen. Viele Ausleger bestehen zum Beispiel darauf, daß die Hure Babylon für den Vatikan steht - und nur für den Vatikan. Andere sind der Meinung, das Tier bezeichne das Endreich - und nichts anderes als das Endreich.

Solche starren Auslegungen scheitern jedoch unweigerlich, wenn die übrigen Details der Prophezeiung herangezogen werden. (Ein Blick auf Offenbarung 18 zeigt uns zum Beispiel, daß die Hure Babylon nicht nur eine religiöse

Hauptstadt ist, sondern auch als Hauptstadt eines globalen Wirtschaftsreiches dient). Daher ist die Auslegung der Symbole auf der Basis einer einzigen Einheit eine fehlerhafte Auslegungsmethode, weil sie eine Reihe von Widersprüchen und Unstimmigkeiten hervorbringt.

Wenn wir hingegen einfach anerkennen, daß jedes Symbol oder "Geschöpf" in der Offenbarung zwei oder drei verschiedene Aspekte hat, und uns vom Kontext sagen lassen, um *welchen* Aspekt es sich handelt, dann lösen sich alle "Widersprüche" bei der Identifizierung dieser Symbole sofort auf. Unsere Interpretationen werden plötzlich logisch und konsistent.[65]

10. Die Bibel verwendet die folgenden Bilder, um Könige, Königreiche, böse Städte und Satan zu symbolisieren. Es könnte also hilfreich sein, sich diese Symbole vor Augen zu halten, wenn wir die entsprechenden Prophezeiungen durchgehen:

- **Biest** - Ein gottloser König, sein Reich oder Satan
  (Gen 3:1; Jes 27:1; Dan 7:3-26; Offb 12:3, 13:1, 11)

- **Horn** - Ein böser König, die militärische Macht dieses Königs oder die Nation(en), die er befehligt
  (Hes. 29:21; Dan. 7:24, 8:20; Offb. 17:12)

---

[65] Das 3-in-1-Konzept ist der Heiligen Schrift nicht fremd. Die Bibel lehrt zum Beispiel eindeutig, daß es nur einen Gott gibt, aber wenn das Wort "Gott" in einem Abschnitt erscheint, kann dieser Abschnitt von Gott dem Vater (z. B. Jes. 63:16; Mt. 3:17), Gott dem Heiligen Geist (z. B. 2.Mose 35:31; Lk. 3:22) oder Gott dem Sohn (z. B. Spr. 2:12, Joh. 20:28) sprechen. Der Kontext bestimmt, welcher von ihnen gemeint ist. In ähnlicher Weise verwendet die Apokalypse oft ein Symbol, um drei eng miteinander verbundene Wesenheiten oder Aspekte darzustellen. Unsere Aufgabe ist es, anhand des Kontextes und mit ein wenig gesundem Menschenverstand zu bestimmen, um welche Wesenheit oder welchen Aspekt es sich handelt.

- **Hure** - Eine Stadt oder Nation, die von einer falschen Religion durchdrungen ist
  (Jer. 3:6; Jes. 1:21; Nahum 3:4; Jes. 23:15; Offb. 17:5)

- **Baum:**

  - Israel
  [Mt. 24:32 (der "Feigenbaum"); Richter 9:7-15 ("die Bäume"); Mk. 11:13, 20 (der "Feigenbaum"); 2. Könige 19:23 (die "hohen Zedern")]

  - Die heidnischen Nationen
  [Lk. 21:29 ("alle Bäume"); Röm. 11:16-27 (die "Zweige")]

  - Christus
  (Jer. 17:8; Hiob 14:7; Ps. 52:8; Hos. 14:5-8; Jes. 11:1)

  - Antichrist Figur
  [Dan. 4:10-12 (Nebukadnezar); Richter 9:14-15 (Abimelech); Hesek. 31:3-14 (Asnapper, der "Assyrer")]

ANHANG B

Beispiel für Pastoren, Websites und AUTOREN, DIE BEHAUPTEN, DER ANTICHRIST WERDE MIT SICHERHEIT ODER WAHRSCHEINLICH ISLAMISCH SEIN

Eine Frage der Wahrheit - YouTube-Kanal

Harmageddon News - YouTube-Kanal

Jimmy Evans - Pastor, Gateway Kirche

Phillip Goodman - Autor, *Die assyrische Verbindung*

James Graziano - Pastor, Tabernakel des Glaubens

John Hagee - Pastor, Cornerstone Kirche

Jerel Hagerman - Pastor, Joshua Springs Calvary Kirche

Bob Hunt - Dienst der Hoffnung Zions

John MacArthur - Pastor, Grace Community Church

Joel Richardson - Autor, Redner und Filmemacher

Gary Shiohama - Pastor, South Bay Community Church

Walid Shoebat - Autor, *Gottes Krieg gegen den Terror*

Perry Stone - Pastor, Stimme der Evangelisation

Jack Van Koevering - Autor, *Der Mann der Sünde*

Michael Youssef - Pastor, Kirche der Apostel

Und viele andere...

(FORTSETZUNG)

Auf der anderen Seite unterstützen viele Prophezeiungslehrer immer noch die Position des **römischen Antichristen**, ein Standpunkt, dem ich zustimme. Dazu gehören so namhafte Pastoren und Autoren wie:

Jimmy DeYoung

Daymond Duck

Jack Hibbs

Ed Hindson

Mark Hitchcock

Thomas Eis

Jerry Jenkins

Hal Lindsey

Jan Markell

Donald Perkins

Dave Reagan

Ron Rhodes

Und viele andere...

ANHANG C

DIE ERKLÄRUNG VON PFARRER JOHN MACARTHUR ZUM URSPRUNG DES ISLAMISCHEN ANTICHRISTEN

Abschrift eines YouTube-Videos mit dem Titel "Der Mahdi ist der Antichrist - John MacArthur" [Zeitmarke = 19:27 - 21:25]

Nun könnte jemand sagen: "Wenn man über die Zukunft nachdenkt und darüber, was in der Welt passieren wird, haben wir dann nicht ein wiederbelebtes Römisches Reich? Bedeutet das nicht den Westen?"

Du erinnerst dich, daß das Bild in Daniel 2, das das endgültige Weltreich darstellt, zwei Beine hatte. Und das Römische Reich hatte die westliche [Hälfte] und die Östliche [Hälfte]. Wenn Sie Geschichte kennen, wissen Sie natürlich, daß der westliche Teil des Römischen Reiches sich im Grunde auflöste und der Osten tausend Jahre oder länger überlebte, so daß (zur Zeit des Neuen Testaments) sechzig Prozent des Römischen Reiches Länder waren, die jetzt unter muslimischer Kontrolle sind. Mindestens sechzig Prozent. Der überwiegende Teil des Römischen Reiches zur Zeit des Neuen Testaments ist heute unter muslimischer Kontrolle. Und der Islam breitet sich in Europa rasch im Westen aus, nicht wahr?

In Hesekiel 38 sehen Sie ein Bild des Antichristen, "Gog", und eine Liste von acht Nationen, die eine Koalition für den Antichristen bilden werden. Alle acht davon sind muslimische Nationen - alle acht! Und sie umrunden das Mittelmeer bis hin nach Libyen.

In Offenbarung 17:9-11 heißt es, daß es sechs Reiche gab, dann ein siebtes und schließlich ein achtes. Was ist das siebte Reich? Nun, darüber gibt es Diskussionen. Es könnte das osmanische Türkenreich sein, das 500 Jahre lang bestand und erst in der Neuzeit wirklich unterging. Das türkische Reich war das letzte Kalifat, das 1923 endete. Und sie warten auf die Wiederherstellung, wenn der Mahdi kommt.

Pastor MacArthur ist ein ehrenwerter Mann und ein sehr guter Lehrer. Und ich bezweifle nicht, daß er leugnen würde, daß er seine Theorie eines muslimischen Antichristen auf die islamische Eschatologie stützt. Aber der Eindruck, den er bei seinen Zuhörern hinterlässt (ob beabsichtigt oder nicht), ist, daß die muslimische Eschatologie - insbesondere die "Parallelen" zwischen dem Mahdi und dem Antichristen - etwas verstärkt, was bereits in der Heiligen Schrift gelehrt wird, nämlich daß der Antichrist ein Muslim sein wird und daß das "Achte Reich" ein neues islamisches Kalifat sein wird - oder vielleicht sogar die Wiedergeburt eines alten Kalifats, wie das mächtige Osmanische Reich.

Vielleicht wäre es für diese Predigt besser gewesen, sich einfach an die Bibelstellen zu halten, die "beweisen", daß der Antichrist ein Muslim sein wird, und dann nebenbei zu bemerken, daß mindestens 1,4 Milliarden Muslime den Antichristen bereitwillig als ihren Erlöser annehmen werden, weil er die Person zu sein scheint, die sie erwartet haben.

Aber wie auch immer, es ist klar, daß Pastor MacArthur der Theorie zustimmt, daß der Antichrist aus dem Islam kommen wird, und diese Theorie ist alles, was ich in dieser Studie zu widerlegen versuche.

ANHANG D

DIE BLUTLINIE DES ANTICHRISTEN

Wie ich in *Der Herausforderung!* auf Seite 7 dargelegt habe, wurde Abraham von Gott gesalbt, um die Nationen *zu segnen*, indem er Jesus Christus zeugte, und nicht, um die Nationen *zu verfluchen*, indem er den Antichristen zeugte. Es ist daher unmöglich, daß der Antichrist von Abraham abstammt, was bedeutet, daß er kein Araber sein kann, was bedeutet, daß er nicht der sogenannte *Mahdi* sein kann.

Aber wenn der Antichrist nicht von Abraham abstammen kann, von wem stammt er dann ab? Wer waren seine Vorväter?

Meiner Meinung nach wird der Antichrist von den Stämmen Magog, Mesech und Tubal abstammen. Und ich glaube an dieses Prinzip, weil der Prophet Hesekiel es in Kapitel 38 seines Buches geradezu behauptet. Hesekiel nennt den Antichristen bei seinem Titel "Gog" (der Höchste) und sagt in Vers 2:

> Menschensohn, richte dein Gesicht gegen
> Gog [aus] dem Land **Magog** ...
> [Gog] der oberste Fürst von **Mesech** und **Tubal**,
> und prophezeie gegen ihn.

Hier wendet sich Hesekiel eigentlich an zwei verschiedene "Gogs".

Gog 1 ist "Gog aus dem Land Magog". Dies war der Kriegskönig, der kurz vor der Zeit Hesekiels regierte und von seinem Stützpunkt in Lydien aus die benachbarten Gebiete überfiel.[66] (Das Gebiet von Lydien wurde von Gogs Verwandten - den Stämmen Magog, Mesech und Tubal - seit ihrer Zerstreuung vom Turm von Babel bewohnt. Es

---

[66] Siehe Artikel von Jeffrey Goodman, Ph. D.
▶ http://www.newscientificevidenceforgod.com/
2012/02/entlarvung-russischer-krieg-von-gog-und-magog.html

liegt nordwestlich von Israel und ist heute Teil der westlichen Türkei).[67]

Der Herr sprach zu Hesekiel, er solle sich diesem Mann stellen, während er über die Endzeit prophezeite. Und der Grund, warum Hesekiel *diesem* "Gog" gegenübertreten sollte, liegt unter anderem darin, daß sein entfernter *Enkel*, **Gog 2** - auch bekannt als "Gog, der oberste Fürst von Mesech und Tubal" - in Wirklichkeit der Antichrist ist.

Woher wissen wir, daß **Gog 2** wirklich der Antichrist ist? Weil Hesekiel sagt, daß **Gog 2** an der Schlacht von Harmageddon teilnehmen wird (V. 38:7-9) *und* daß er vom Herrn persönlich besiegt werden wird (V. 38:20), ein Schicksal, das niemandem außer dem Antichristen zugeschrieben wird.[68]

Die Frage ist jetzt natürlich die folgende:

> Wenn - wie ich wiederholt erklärt habe - der Antichrist ein *römischer Cäsar* ist, der sich von Italien aus erheben wird, wie kann er dann gleichzeitig der *Fürst von Mesech und Tubal* sein?
> Wie ist das überhaupt möglich?

Die Antwort ist einfach: Weil der Antichrist *beides* ist.

Nachdem ich mich eingehend mit diesem Thema befasst habe, bin ich davon überzeugt, daß das Volk von Rom nicht nur aus den Stämmen hervorging, die ursprünglich die italienische Halbinsel nach der Sintflut besiedelten, sondern auch aus den Stämmen Magog, Mesech und Tubal, von denen einige Mitglieder *zweifellos* im Laufe der Jahrhunderte auf dem Land- oder Seeweg (oder beides) nach

---

[67] Siehe: IVP Atlas of Bible History, New Moody Atlas of the Bible, Holman Bible Atlas, Zondervan Atlas of the Bible, ESV Atlas, Harper-Collins Atlas of Bible History, etc.

[68] Siehe den Artikel "Sechs Gründe, warum Gog der Antichrist ist" auf www.joelstrumpet.com.

Westen auf dieselbe Halbinsel wanderten.[69] (Siehe Karte auf der nächsten Seite.)

Die römischen Könige, gefolgt von den römischen Cäsaren und nun dem letzten Cäsar, dem Antichristen, führen ihre Abstammung nicht nur auf das Volk zurück, das Italien nach der Sintflut bevölkerte, sondern auch auf die Stämme *Magog, Mesech und Tubal*, von denen einige erst einige Jahrhunderte später kamen.

Da der Antichrist also der letzte Nachkomme von **Gog 1** und seinen Verwandten **Magog, Mesech und Tubal** ist, wird er – obwohl er als der letzte Cäsar Rom's gilt - richtig genannt:

- Gog (d. h. Gog 2)

- Chef (endgültig)

- Fürst von (Herrscher von)

- Mesech und Tubal (die ursprünglichen Stämme)

Die folgenden Schaubilder könnten zur Klärung meiner Position beitragen. Sie stellen das Migrationsmuster und die Genealogie der Blutlinie des Antichristen dar, so wie ich die entsprechenden Passagen verstehe:

---

[69] Obwohl die Zeugnisse der Archäologie und der DNA noch nicht ausreichen, um wissenschaftliche Schlussfolgerungen über den Ursprung des römischen Volkes zu ziehen (siehe z. B. Wikipedia: "Etruskische Ursprünge"), kann niemand, der an die Autorität des Wortes Gottes glaubt, daran zweifeln, daß die natürliche Migration vom Turm zu Babel auch schließlich einige der Menschen aus Lydien (der heutigen Westtürkei) nach Italien gebracht hat, sei es auf dem Land- oder Seeweg oder auf beiden Wegen.

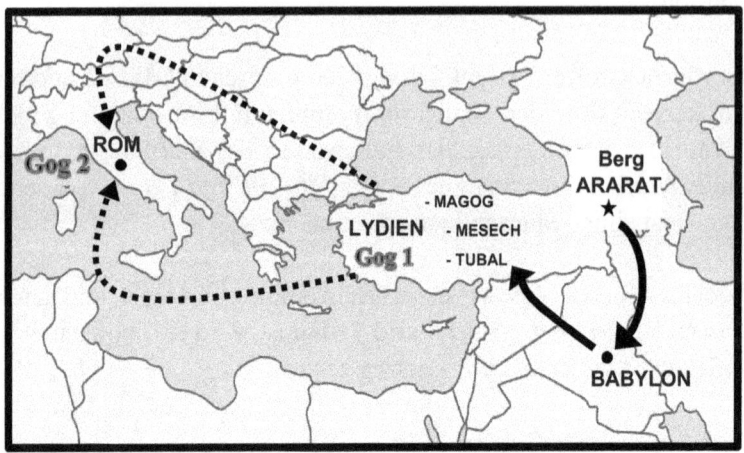

So wie Lukas die Abstammung Jesu von Adam über Abraham zu Joseph zurückverfolgt, so verfolgt Hesekiel die Abstammung des Antichristen von Japhet zu den Stämmen Lydiens, zu Gog 1 und dann zu Rom.

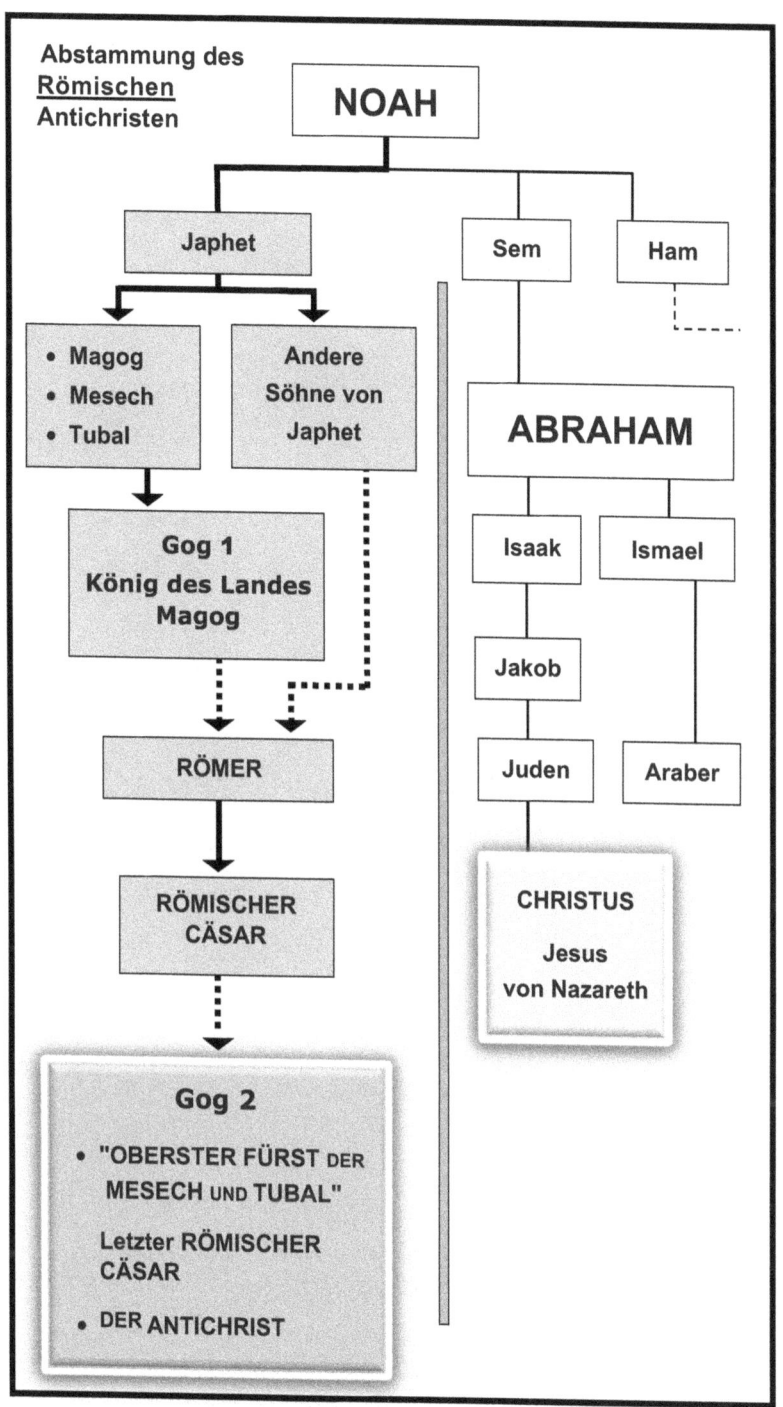

* * * * *

Lieber Leser,

Wenn Ihnen dieses Buch gefallen hat, würde es dem Autor sehr viel bedeuten, wenn Sie eine kurze Rezension auf Amazon oder auf einer Ihrer bevorzugten Buchhandelswebseiten hinterlassen könnten. Ihr Beitrag würde mir dabei helfen, meine kommenden Studien zu verbessern, und es würde anderen Liebhabern der letzten Tage die Möglichkeit geben, die Qualität dieser Werke im Voraus zu beurteilen.

Ich danke Ihnen für Ihr Interesse an der biblischen Prophetie und dafür, daß Sie mir die Gelegenheit gegeben haben, einige meiner Gedanken und Erkenntnisse mit Ihnen zu teilen. Das Schreiben dieses Buches war ein Segen für mich, und ich hoffe, daß die Lektüre des *islamischen Antichrist-Mythos* auch für Sie ein Segen war!

Mit freundlichen Grüßen,

Charles "Ken" Bassett

* * * * *

WEITERE POSITRONENBÜCHER

Gott sagt: Zähle die Nummer 666! Warum die Kirche die Identität des Antichristen entdecken kann! (2020)

- Hat Satan in jeder Generation einen Kandidaten für den Antichristen herangebildet?
- Ist der Code 666 für die Gläubigen nach der Entrückung gedacht... oder für die Kirche?
- Wie setzt Gott die Prophetie ein, um Menschen vor dem Jüngsten Gericht zu retten?
- Hindert das "unmittelbare Bevorstehen" die Kirche daran, die Bestie zu entdecken?
- Welcher Vers sagt, daß der Antichrist erst nach der Entrückung identifiziert werden kann? (Tipp: Es gibt keinen!)

Das Reich des Antichristen (2020)

- Wird der Antichrist aus Amerika, Arabien, der Türkei oder Rom kommen?
- Wo befindet sich die erste Prophezeiung in der Heiligen Schrift?
- Welches Reich der Geschichte ist das letzte Reich der Prophezeiung?
- Wer sind das Tier, die sieben Häupter und die zehn Hörner?
- Wer - oder was - ist die Hure von Babylon?
- Welcher Vers bestimmt die Reihenfolge und den Inhalt von Daniel und Offenbarung?

Der Islamische Antichrist-Mythos (2020)

- Wo befindet sich der "Thron des Satans"?
- Wie kann ein islamischer Führer behaupten, Gott zu sein?
- Werden Muslime tatsächlich den Antichristen anbeten?

- Wird der Antichrist die früheren Reiche der Prophezeiung erobern?
- Ist das Tier der Offenbarung ein Araber, ein Perser, ein Türke... oder ein Italiener?

Demnächst...

Die Hure Babylon (2024)

- Ist sie ein Land, eine Religion, ein Wirtschaftsimperium... oder eine antike Stadt?
- Warum wurde Johannes gescholten, weil er über ihr Aussehen "erstaunt" war?
- Was bedeutet ihr Titel "Babylon die Große" wirklich?
- Warum werden der Antichrist und seine Kohorten sie zerstören?
- Wie kann sie auf der Bestie "sitzen"?

Gog von Magog (2024)

- Ist Gog ein russischer Machthaber oder der römische Antichrist?
- Wird Gogs Krieg stattfinden, wenn die Tribulation beginnt... oder endet?
- Ist der Krieg von Gog wirklich nur ein anderer Name für Harmageddon?
- Können wir auf der Grundlage der Heiligen Schrift einen Zeitplan für die Tribulation erstellen?
- Wird die Hure Babylon einmal bestraft... oder zweimal?

Der falsche Prophet (2024)

- Ist der falsche Prophet ein Jude oder ein Nichtjude?
- Wurde er vor, während oder nach 1948 geboren?
- Warum hat der Falsche Prophet zwei Hörner wie ein Lamm?
- Wird der Falsche Prophet heute von den Christen bewundert und respektiert?
- Was meint die Bibel, wenn sie sagt, er werde "wie ein Drache reden"?

Der Antichrist (2024)

- Woher wird der Antichrist kommen? Ist er heute noch am Leben?
- Ist er ein Meister des Okkulten? Was bedeutet der 666-Code?
- Ist er homosexuell ... oder ist er verheiratet und hat Kinder?
- Ist er ein säkularer Humanist, ein Jude oder ein Muslim?
- Ist er der biologische Nachkomme des Satans?

Was jeder Christ wissen sollte (2024)

Ob Sie es glauben oder nicht, eine aktuelle Umfrage zeigt, daß die meisten Christen Schwierigkeiten haben, das Evangelium richtig zu definieren. Viele sind nicht in der Lage, richtig zu erklären, was ein Mensch braucht, um gerettet zu werden. Und nur eine Handvoll kann die Zehn Gebote aufzählen. Stellen Sie sich also vor, Sie hätten eine kleine Broschüre, die Ihr Wissen über die christlichen Grundlagen aufbessern und die notwendige Grundlage schaffen kann, um andere zu Christus zu führen. Kurz und bündig räumt dieses Buch mit vielen Missverständnissen auf und versetzt Gläubige in die Lage, "zu wissen, was sie glauben". Ideal für neue Christen!

Wie man wie Jesus und die Apostel Zeugnis ablegt (2021)

Würde es Sie überraschen zu erfahren, daß Jesus *nie* gesagt hat:

- Sie sollten sich gründlich mit den Menschen anfreunden, bevor Sie ihnen gegenüber Zeugnis ablegen.
- Es gibt ein von Gott geformtes Loch in Ihrem Herzen, das nur der Herr füllen kann.
- Gott hat einen wunderbaren Plan für Ihr Leben.
- Gott ist nicht zornig auf die Sünder.

Erfahren Sie, wie Jesus das Evangelium *tatsächlich* den Menschen präsentiert hat. Keiner hat es besser gemacht!

Darwins Apokalypse (2024)

- Warum geben so viele Biologen insgeheim zu, daß die Evolution falsch ist?
- Gegen wie viele Naturgesetze verstößt die Evolutionstheorie?
- Beweisen Programme wie AVIDA, daß die Evolution wahr ist ... oder genau das Gegenteil?
- Hat je schon mal jemand gesehen, daß die Evolution eine neue Tierart hervorgebracht hat?
- Warum ist die folgende Gleichung fatal fehlerhaft?

$$(\text{Zufallsmutation} \times \text{Natürliche Selektion})^n = \text{Neue Arten}$$

Bitte besuchen Sie Prophecy7000.com für Updates!

ÜBER DEN AUTOR

Charles "Ken" Bassett hat sich für das Studium der Prophetie begeistert, seit ihm ein Freund 1978 ein Exemplar von Hal Lindseys *The Late, Great Planet Earth* in die Hand drückte. Kurz nach diesem entscheidenden Moment gab Charles sein Leben Christus und begann, in der Heiligen Schrift zu suchen, um herauszufinden, was Gott über Themen wie die Entrückung, die Tribulation, den Antichristen und die glorreiche Wiederkunft Jesu sagt.

Als er erkannte, daß auch in den Schriften unglaublich begabter Gelehrter, Pastoren und Prediger eine Fülle von Informationen und Einsichten über die Endzeit zu finden sind, begann Charles auch deren Werke zu verschlingen.

Jetzt, nach einem lebenslangen Studium, hat Charles seine eigenen Beobachtungen zu Themen wie dem Tier, dem falschen Propheten und der Hure Babylon dargelegt.

In seinem neuesten Werk *Der Islamische Antichrist-Mythos* widerlegt Charles eine der populärsten Endzeittheorien, die in den letzten Jahren aufgetaucht sind, nämlich daß der Antichrist ein Muslim sein wird. Diese neue Theorie mag zwar populär sein, sagt er, aber sie wird von der Heiligen Schrift nicht gestützt und könnte dazu führen, daß die Kirche wichtige Ereignisse und Persönlichkeiten im Zusammenhang mit der bevorstehenden Wiederkunft Christi verpasst.

Darüber hinaus scheinen diese Vermutungen mehr von der Dramatik der aktuellen internationalen Ereignisse und der Bereitschaft, sich auf islamische Prophezeiungen zu beziehen, als von solider Exegese geleitet zu sein. Es überrascht nicht, daß die Islamische Antichrist-Theorie mindestens fünfzehn schwerwiegende Fehler enthält, sagt Charles. Und es sind diese Fehler, die Charles in *Der Islamische Antichrist-Mythos* aufdeckt und korrigiert.

Persönlich lebt Charles jetzt in der Nähe von Austin, Texas, mit seiner College-Liebe und Ehefrau Denise, mit der er seit vierzig Jahren verheiratet ist. Sie haben fünf erwachsene Kinder und sieben Enkelkinder. In den 1980er Jahren war Charles T-37-Ausbildungspilot und C-141-Luftbrückenpilot bei der Luftwaffe. Danach wurde er von einer großen Fluggesellschaft angeheuert, wo er immer noch gerne als B-777-Kapitän internationale Strecken fliegt.

Neben *Der Islamische Antichrist-Mythos* und anderen verwandten Titeln hat Charles auch ein Kinderbuch, *Timmy und seine fliegende Untertasse*, im Verlag Christian Faith Publishing veröffentlicht.

www.ingramcontent.com/pod-product-compliance
Lightning Source LLC
Chambersburg PA
CBHW051758040426
42446CB00007B/425